LE
CODE RURAL

D'HAÏTI

PUBLIÉ

AVEC COMMENTAIRES ET FORMULAIRE

NOTES ET ANNEXES

A L'USAGE

DES FONCTIONNAIRES, OFFICIERS ET AGENTS DE LA POLICE RURALE

PAR

J. SAINT-AMAND

AVOCAT, DÉPUTÉ AU CORPS LÉGISLATIF ET CHEF DU CABINET PARTICULIER
DE SON EXCELLENCE LE PRÉSIDENT D'HAÏTI

TROISIÈME ÉDITION

PORT-AU-PRINCE
A. GUYOT, ÉDITEUR

1881

LE
CODE RURAL

D'HAÏTI

PUBLIÉ

AVEC COMMENTAIRES ET FORMULAIRE

NOTES ET ANNEXES

A L'USAGE

DES FONCTIONNAIRES, OFFICIERS ET AGENTS DE LA POLICE RURALE

PAR

J. SAINT-AMAND

AVOCAT, DÉPUTÉ AU CORPS LÉGISLATIF ET CHEF DU CABINET PARTICULIER
DE SON EXC. LE PRÉSIDENT D'HAÏTI

TROISIÈME ÉDITION

PORT-AU-PRINCE

A. GUYOT, ÉDITEUR

1881

NOTICE

Depuis l'abrogation, en 1843, du Code rural du 6 mai 1826, tous les gouvernements d'Haïti, quelles qu'aient été d'ailleurs leur forme et leur politique, tous — c'est une justice à leur rendre — ont compris que la prospérité et la richesse du pays dépendent du développement de l'agriculture; aussi, tous se sont efforcés de l'encourager par une protection plus ou moins efficace; tous ont cherché à remplacer la législation de 1826 par une loi meilleure; mais il n'est pas moins juste de le reconnaître, tous les efforts, toutes les tentatives de ces gouvernements n'ont abouti qu'à des résultats presque négatifs.

Le gouvernement du 22 décembre est arrivé; à son tour, l'une de ses plus vives préoccupations a été d'encourager les travaux agricoles, de chercher à en étendre les progrès, et d'assurer la sécurité dans les campagnes par une bonne loi.

Celle du 16 août 1862, destinée à remplacer la législation antérieure qui avait été observée jusque-là, fut votée dans ce but; mais, tout en attestant la sollicitude du nouveau gouvernement, elle fut reconnue bientôt impossible à exécuter et impuissante à réaliser les améliorations désirées.

Une année était à peine écoulée qu'elle était rapportée par une autre loi, celle du 10 octobre 1863. Cette dernière loi, en abrogeant simplement celle du 16 août, « autorisa le pouvoir exécutif à prendre par arrêté les mesures nécessaires en vue d'une bonne police des campagnes, sauf la sanction législative. »

Un rapport[1] adressé à la fin du mois de décembre de cette même année 1863, au Président d'Haïti, par le secrétaire d'Etat de l'intérieur et de l'agriculture, et publié dans le *Moniteur Haïtien* du 2 janvier 1864, nous fait connaître qu'en vertu de cette

---

1. Nous reproduisons à la suite de cette notice, le rapport dont il est question ainsi que le préambule qui précède le Code rural.

autorisation, le Code rural actuellement en vigueur, fut d'abord mis à l'étude et préparé sous la forme d'un arrêté, dont le projet fut aussi publié dans le *Journal officiel* (janvier 1864, nᵒˢ 6 et 7).

Le même rapport constate aussi les épreuves par lesquelles ce projet a successivement passé. D'abord présenté au conseil des secrétaires d'État où il subit un premier examen; puis soumis à une commission composée d'hommes éclairés et compétents, et au sein de laquelle il fut examiné avec soin; ensuite transmis à tous les commandants des arrondissements, qui furent invités à donner leur avis, après avoir consulté des commissions locales appelées à en étudier les dispositions; ce projet revint une seconde fois devant le conseil des secrétaires d'État qui, après avoir consacré de nombreuses séances, sous la présidence du Président d'Haïti, à une nouvelle étude des articles et des modifications proposées par les commissions, décida qu'en raison de son importance il serait converti en un projet de loi et présenté à l'adoption du Corps législatif.

Après de longues et lumineuses discussions, qu'on peut lire dans le *Journal officiel*, où elles ont été reproduites, et après avoir encore subi des modifications, le projet de loi fut enfin sanctionné par le Sénat le 18 octobre 1864, par la Chambre des représentants le 24, et promulgué par le pouvoir exécutif le 27.

Guidé par ces discussions, auxquelles nous avons pris part, éclairé par les opinions émises dans les examens successifs que nous avons suivis avec une attention soutenue, nous n'avons point hésité, sur l'offre qui nous en a été faite, à entreprendre la tâche de faciliter l'exécution de la nouvelle loi par un commentaire de ses dispositions et un formulaire des divers actes qu'elle a prescrits. Nous avons ajouté de nous-même à cette tâche, celle de recueillir et d'annexer à la suite du Code commenté des documents qui nous ont paru utiles et de nature à aider les officiers et agents chargés de cette exécution, dans l'accomplissement de leurs devoirs. Enfin nous avons fait précéder et suivre ces documents de notes et observations explicatives; le tout est résumé sous ce titre : CODE RURAL D'HAÏTI, *publié avec commentaires et formulaire, notes et annexes.*

Nous avons fait de notre mieux. C'est à l'exécution pratique de ce Code, qui se poursuit en ce moment, à dire le dernier mot et à nous apprendre si enfin, dans ses efforts, le gouvernement du 22 décembre sera plus heureux que ceux qui l'ont précédé; et si, pour notre part, nous avons réussi dans notre tâche.

Si, — à Dieu ne plaise! — il en était autrement, il faudrait en conclure non pas que la loi est mauvaise, mais qu'elle est mal exécutée; car, aucune de nos lois antérieures n'a été l'objet d'étutes plus approfondies et plus éclairées, aucune n'a été soumise dans son élaboration à des examens successifs d'hommes aussi compétents, à une discussion législative plus consciencieuse et plus élevée, enfin à une publicité plus étendue.

Disons-le, en terminant cette notice, ce qui nous fait espérer le plus que le nouveau Code rural sera un puissant levier — si toutefois on sait s'en servir — pour le développement de l'agriculture et la police de nos campagnes, c'est que l'expérience a déjà été faite, à une époque antérieure, assez heureusement de la plupart de ses dispositions.

Expliquons-nous.

Le Code rural de 1826 avait été fait sous l'empire des idées de l'époque; plusieurs de ses chapitres, ceux surtout relatifs aux contrats et traités entre propriétaires, fermiers et cultivateurs, inspirés par un trop violent désir de tout réglementer, entachés d'arbitraire et de partialité, blessaient par trop ouvertement tous les principes de la liberté individuelle et de celle des transactions privées. Ce Code, excellent d'ailleurs dans ses autres dispositions concernant la protection des propriétés et du travail, la sûreté des personnes, la police générale des campagnes, fut en butte à des attaques partielles dès sa promulgation, puis à une opposition presque unanime et systématique, si bien que, sans être abrogé, il tomba en désuétude.

En 1838, la Chambre des représentants, dans sa fameuse adresse au président Boyer, en réponse aux discours d'ouverture de la session, constatait cette abrogation de fait dans les termes suivants :

« Il (le Code rural) est tombé, et sa chute a écrasé l'agriculture; mais il faut le dire, il a subi le sort de toutes les institutions qui ne sont pas dans l'esprit d'un siècle du perfectionnement.... Privé de la sanction de l'opinion, l'intérêt même n'a pu le garantir d'une désuétude hâtive; MAIS NOUS CROYONS POUVOIR AVANCER, SANS CRAINTE D'ÊTRE CONTREDITS, QUE CE CODE, MODIFIÉ ET APPROPRIÉ AUX BESOINS DE L'ÉPOQUE PRÉSENTE, PRODUIRA LES PLUS HEUREUX EFFETS. »

Les gouvernements qui depuis ont succédé à celui du président Boyer ont oublié ce dernier conseil, si sage, donné par la Chambre de 1838; ils paraissent ne s'être souvenus que de la réprobation dont le Code de 1826 avait été frappé; aucun d'eux n'a songé « à le modifier et à l'approprier aux besoins du temps présent. » On semblait redouter d'être accusé de revenir à un passé qui n'avait pourtant été condamné qu'avec réserve. On laissait de côté cette expérience acquise pour donner la préférence à des essais nouveaux au risque de se fourvoyer.

Il faut l'avouer, le gouvernement du 22 décembre, subissant les mêmes influences, a cherché la voie ; il s'en est d'abord écarté en proposant la loi du 16 août, mais il y est revenu bien vite et il a suivi le conseil donné par les législateurs de 1838 ; il n'a pas craint d'emprunter à la législation de 1826 ses bonnes dispositions ; il en a ajouté d'autres qui lui ont été ou dictées par la justice, ou inspirées par l'esprit de perfectionnement du siècle ou enseignées par l'expérience acquise depuis. C'est de ces éléments réunis qu'a été formé le Code rural que nous allons essayer de commenter, et qui, nous l'espérons, « aura la sanction de l'opinion et produira les plus heureux effets, » selon l'expression des législateurs de 1838

Port-au-Prince, le 31 décembre 1863.

RAPPORT

Président,

La loi du 10 octobre 1863 a rapporté celle du 16 août 1862 sur la police des campagnes, et a autorisé le pouvoir exécutif à prendre, par arrêté, les mesures nécessaires en vue d'une bonne police des campagnes, sauf la sanction législative.

Aussitôt après la promulgation de cette loi, et en conformité des instructions de Votre Excellence, j'ai donné des ordres pour le maintien du bon ordre dans les campagnes, en attendant que l'arrêté autorisé par la loi du 10 octobre fût mis en vigueur, et, d'un autre côté, j'ai mis à l'étude le projet de cet arrêté.

Ce projet est préparé ; mais avant de le présenter à votre signature, je suis d'avis, Président, de le faire passer par l'épreuve d'un double examen.

Une loi sur la police des campagnes a pour objet : la sûreté des personnes, la protection des propriétés, la surveillance des cultures, l'encouragement du travail, le maintien de l'ordre, la répression du vagabondage, et enfin l'exécution des lois et des actes du Gouvernement.

Chacun de ces objets est de la plus haute importance, et je ne crains pas d'être taxé d'exagération en affirmant que de l'application d'une bonne loi rurale dépend en grande partie la prospérité de l'agriculture, du commerce et de l'industrie dans notre pays. On ne saurait donc, dans une semblable matière, s'entourer de trop de lumières et dédaigner les conseils, d'abord de ceux qui seront appelés plus spécialement à exécuter la loi, et ensuite de ceux qui, par une expérience acquise dans les travaux agricoles et une résidence presque journalière au milieu des populations de la campagne, ont appris à en connaître les habitudes et les besoins, et savent quels sont les abus à réprimer et les meilleures mesures à prendre pour protéger le travail et encourager la culture.

Ce sont ces conseils que je me propose de demander, en soumettant le projet d'arrêté d'abord à des commissions administratives formées, au chef-lieu de chaque arrondissement, du commandant de l'arrondissement, des commandants des communes et des conseils communaux.

Puis, après cette première épreuve, je le soumettrai à une commission consultative composée de douze des plus notables propriétaires et fermiers principaux de l'arrondissement de la capitale, sous les yeux desquels je placerai, avec le projet d'arrêté, les avis obtenus des commissions administratives des autres arrondissements.

. Enfin, le projet d'arrêté arrivera ainsi au conseil des secrétaires d'État accompagné de tous les renseignements nécessaires pour en faire si ce n'est une œuvre complètement parfaite, mais aussi parfaite que possible.

Pendant ces préliminaires, je me propose aussi de faire publier le projet d'arrêté dans le *Moniteur*, afin que chacun soit mis à même de faire connaître son opinion sur les dispositions projetées.

Je sais qu'il est urgent d'abréger, autant que possible, l'état d'inter-loi où se trouvent en ce moment nos campagnes, mais je pense qu'il est préférable de laisser subsister cet état pendant quelques semaines de plus et d'assurer l'avenir par de sages et prévoyantes dispositions auxquelles tout le monde aura ainsi concouru, et qui, pour être définitives, n'auront plus besoin que de la haute sanction des Chambres législatives.

Si vous approuvez, Président, les mesures que je viens d'indiquer, veuillez m'autoriser à les mettre de suite à exécution.

J'ai l'honneur d'être avec respect, Président, de Votre Excellence, le très humble et très dévoué serviteur.

Le secrétaire d'État de l'intérieur et de l'agriculture,

A. CARRIÉ.

PRÉAMBULE DU CODE RURAL

Fabre GEFFRARD, *Président d'Haïti*,

Sur le rapport du secrétaire d'État de l'intérieur et de l'Agriculture,

Vu 1° le Code rural du 4 mai 1826;

2° Le décret du gouvernement provisoire du 22 mai 1843, sur la réforme du droit civil et criminel, qui a abrogé ce Code rural;

3° La loi sur la police des campagnes du 11 novembre 1846;

4° Celle sur le même objet du 16 août 1862;

Considérant que l'agriculture, étant la source première de la prospérité de l'Etat, doit être essentiellement protégée;

Que la protection la plus efficace consiste principalement, d'une part, à maintenir le respect des propriétés, encourager le travail en assurant à ceux qui s'y adonnent les fruits de leur labeur, et, d'autre part, à réprimer le vagabondage et les déprédations;

Considérant que, pour atteindre ce but, il importe de tracer dans un cadre spécial les droits et les devoirs de chacun et de créer une police active et intelligente, dont la mission spéciale sera de veiller à l'observance des dispositions de ce Code et de tenir la main à son exécution;

De l'avis du Conseil des secrétaires d'État,

A proposé

Et le Corps législatif

A rendu la loi suivante :

CODE RURAL

D'HAÏTI

CHAPITRE PREMIER.

Dispositions générales.

Article premier.

Le territoire de la République, dans toute son étendue, est libre comme les personnes qui l'habitent; ainsi toute propriété territoriale ne peut être sujette soit envers les particuliers, soit envers l'État, qu'aux redevances et aux charges établies par une convention ou par la loi.

Ce principe est le même que celui qui a été proclamé dans l'article 4 de la Constitution :

De même que la République d'Haïti, considérée dans son ensemble, est libre et indépendante et que son territoire est inviolable, de même chacun de ses habitants est libre, et chaque propriété est inviolable.

Aucune restriction à la liberté individuelle ne peut être établie que par la loi; aucune charge ne peut être imposée à une propriété territoriale que par une convention, c'est-à-dire, par la volonté du propriétaire, de ou par la loi. (Art. 441, C. civ.)

Art. 2.

La propriété, l'usufruit, la jouissance et l'usage des biens ruraux continueront à être régis par les dispositions du Code civil.

Cet article contient une règle générale. Pour qu'il soit complet il est bon d'y ajouter ces mots qui sont sous-entendus : « Sauf les exceptions prévues au présent Code rural. » Les dispositions du Code civil rappelées ici se trouvent dans les lois n°s 12, 13, 14 et 15 de ce Code. (Art. 448 à 577.)

Art. 3.

Le propriétaire d'un essaim d'abeilles a le droit de le réclamer et de s'en ressaisir tant qu'il n'a pas cessé de le suivre; autrement l'essaim appartient au propriétaire du terrain sur lequel il est fixé.

Disposition nouvelle dans notre législation et qui a pour but de préciser un droit qui, en fait, pourrait être douteux, — le droit de propriété, dans l'intérêt général, ne peut pas rester indécis ; — c'est le principe du droit de prescription : l'abandon présumé de l'un fait le droit de l'autre.

Art. 4.

Aucun propriétaire riverain de la mer ne pourra avoir de canots ou embarcations pour le transport de ses denrées à la ville ou au bourg voisin, sans être muni d'une licence qui lui sera délivrée gratis par le juge de paix; sous aucun prétexte ces canots ne pourront être employés à faire le cabotage des autres ports ou îlots voisins, ni à faire la pêche si ce n'est pour l'usage de l'habitation.

Tout propriétaire riverain de la mer, muni d'une licence, peut avoir des canots ou embarcations et les employer au transport de ses denrées de la ville ou au bourg voisin, ou à faire la pêche pour l'usage de son habitation.

Mais ces canots ou embarcations ne peuvent être employés à faire le cabotage, et les produits de la pêche doivent être consommés sur l'habitation.

Ces défenses étaient commandées dans l'intérêt du cabotage, qui est régi par des lois particulières, et elles sont nécessaires pour empêcher les fraudes et la contrebande, comme aussi pour faciliter la surveillance des côtes.

Art. 5.

Aucune boutique en gros ou en détail ne pourra être établie, aucun commerce de denrées du pays ne pourra être fait dans les campagnes, sous quelque prétexte que ce soit, qu'en se conformant au règlement qui sera établi à cet effet.

Art. 6.

Les pacotilleurs dûment patentés, domiciliés dans les villes ou bourgs, pourront vendre des provisions et marchandises étrangères en parcourant les campagnes, en se conformant au règlement.

Il ne faut pas voir dans ces deux articles des restrictions au droit de propriété ni à la liberté du commerce; le règlement qui sera établi pour en assurer l'exécution sera fait, au contraire, dans le but de protéger tout à la fois le commerce des denrées et celui des marchandises, d'empêcher le monopole et de prémunir les habitants des campagnes contre les fraudes et falsifications.

Art. 7.

Toute coupe de bois, tout défrichement non autorisé par un propriétaire sur son fonds, ou par l'administration des domaines sur celui de l'État, entraînera l'arrestation immédiate du délinquant par le chef de section rurale qui l'expédiera au juge de paix de la commune avec procès-verbal motivé du fait.

L'article 365 du Code pénal prévoit et punit de peines sévères l'abattage d'un ou plusieurs arbres qu'on savait appartenir à autrui. L'article suivant prononce les mêmes peines à raison de chaque arbre mutilé, coupé, ou écorché de manière à le faire périr ; et l'art. 367 prévoit et punit aussi de peines non moins sévères la destruction d'une ou plusieurs greffes.

Malgré la sévérité de ces peines, les coupes de bois, les défrichements non autorisés sur des terrains d'autrui et sur les domaines de l'État, ainsi que les mutilations et les écorchements d'arbres, se sont multipliés dans presque toutes les localités de la République avec une telle impunité que le législateur de 1864 a cru devoir ajouter encore aux dispositions des articles du Code pénal ci-dessus cités.

Jusqu'ici les autorités locales attendaient qu'une plainte leur fût adressée pour s'opposer aux dévastations; désormais elles devront agir d'office et arrêter les délinquants, en l'absence de toute plainte : telle est la volonté de l'article 7 qui les y autorise.

Art. 8.

Toute extraction ou enlèvement non autorisé de pierres et

minerais sur les terres de l'État ou des particuliers, sera
punie de l'amende.

Les mêmes observations que nous venons de faire au sujet de
la destruction des arbres et des défrichements non autorisés,
s'appliquent aux extractions et enlèvements de pierres et minerais. Il est à remarquer que l'art. 8 les punit seulement
d'amende, mais n'autorise point l'arrestation d'office des délinquants.
Cependant nous ne mettons pas en doute que si l'extraction
ou enlèvement avait lieu sur les domaines de l'Etat, il serait du
devoir des autorités locales de s'y opposer et de procéder d'office
à l'arrestation des auteurs.

CHAPITRE II.

Des règles relatives à l'administration en général des biens et établissements ruraux.

SECTION Ire.

DES LIMITES, ABORNEMENTS, CLÔTURES ET ÉTABLISSEMENTS.

ART. 9.

Tout propriétaire peut obliger son voisin au bornage de
leurs propriétés contiguës, à frais communs.

Reproduction de l'article 524 du Code civil.
Art. 524. « Tout propriétaire peut obliger son voisin au bornage et au balisage de la lisière de leurs propriétés contiguës :
cette opération se fait à frais communs. »

ART. 10.

Les limites séparatives des propriétés contiguës seront
marquées par des bornes solides, en fer, en maçonnerie ou
en bois incorruptible, placées à frais communs.

Les dispositions de cet article sont indicatives; les propriétaires ont la faculté d'indiquer les limites séparatives de leurs propriétés comme bon leur semble, mais il est plus prudent d'observer un des modes ci-dessus indiqués, pour éviter toutes contestations. Il y aurait une sorte de présomption légale acquise là où la séparation serait indiquée d'une manière conforme à la loi.

Art. 11.

Le droit de clore les biens ruraux résulte essentiellement de celui de propriété et ne peut être contesté à aucun propriétaire.

Disposition conforme à l'article 525 du Code civil.

L'art. 549 du Code civil porte une exception qui n'a pas été reproduite ici, mais qui n'en doit pas moins être observée; c'est celle relative au droit que le propriétaire d'un fonds enclavé a de réclamer un passage sur les fonds de ses voisins moyennant une indemnité proportionnée.

L'art. 2 du présent Code ayant posé comme règle générale que : « La propriété, l'usufruit, la jouissance et l'usage des biens ruraux continueront à être régis par les dispositions du Code civil, » il est bien entendu que toutes les fois que le présent Code rural ne déroge pas au Code civil ou n'en modifie pas les prescriptions, ces prescriptions doivent être rigoureusement observées par les citoyens et appliquées par les tribunaux.

En un mot, le Code civil est le droit commun.

L'art. 375 du Code pénal punit d'une amende et de l'emprisonnement toutes destructions de clôtures, de haies vives ou sèches, etc.

Art. 12.

Un bien rural sera réputé clos lorsqu'il sera exactement fermé et entouré soit d'un mur en maçonnerie, soit de palissades ou de treillages, ou d'une haie vive, ou d'une haie sèche faite avec des gaules cordelées, soit de toute autre manière de faire des entourages en usage dans chaque localité, ou enfin d'un fossé de six pieds de large au moins à l'ouverture et de quatre pieds de profondeur, avec un talus sur la propriété qu'on veut clore.

Art. 13.

Un établissement sera réputé exister lorsqu'il y aura sur

un héritage rural une maison ou une case, ou un jardin tra-
vaillé dans les règles en usage.

Le présent Code faisant plus loin une distinction entre les
biens ruraux clos et ceux qui ne le sont pas; entre les biens
pourvus d'établissement et ceux qui ne le sont pas, il était nécessaire dès lors que le présent Code indiquât quel bien rural serait
réputé clos, et à quelles conditions un établissement rural serait
réputé exister.

Mais il faut remarquer ici que les énonciations de ces deux
articles sont simplement démonstratives; en effet, le législateur
ne pouvait pas, sans nuire au droit de propriété, prescrire un ou
plusieurs modes de clôture exclusifs, pas plus qu'il n'aurait pu
établir d'une manière absolue les conditions d'existence de ce
que l'on entend généralement par cette expression « établissement rural; » aussi nous le voyons, dans l'un et l'autre article,
s'en rapporter *aux usages.*

SECTION II.

DES OBLIGATIONS IMPOSÉES AUX PROPRIÉTAIRES, USUFRUITIERS, USA-
GERS OU AUTRES DÉTENTEURS, ET AUX GÉRANTS DES PROPRIÉTÉS
RURALES.

ART. 14.

Il est expressément défendu d'abattre des bois sur la crête
des montagnes jusqu'à cent pas de leur chute, ni à la tête et
autour des sources ou sur le bord des rivières; les propriétaires des terrains arrosés par des sources ou rivières, devront
planter autour de ces sources et sur les bords des rivières des
bambous et autres arbres propres à contenir les terres et à entretenir la fraîcheur, à peine d'une amende de cent gourdes.

Cet article se résume en trois points :
1º Défense d'abattre des bois sur la crête des montagnes, etc.;
2º Obligation de planter certaines espèces de bois autour des
sources et sur le bord des rivières;
3º Sanction de ces deux dispositions : — amende de cent
gourdes par chaque infraction.

Dispositions sages et prévoyantes établies depuis longtemps
dans nos lois rurales et qui n'ont jamais été qu'imparfaitement
observées.

Chacun sait que le déboisement des montagnes est souvent la
cause des inondations; que, d'une autre part, les plantations

autour des sources et au bord des rivières entretiennent la fraîcheur et l'abondance des eaux, empêchent les dégradations, maintiennent les eaux dans leurs lits et opposent des digues naturelles aux débordements.

Art. 15.

Le propriétaire qui voudra brûler un bois neuf, un champ de vieilles cannes, des savanes ou tout autre terrain, sera tenu d'en avertir tous les voisins limitrophes vingt-quatre heures d'avance.

Art. 16.

Il est défendu d'allumer du feu dans les savanes, les champs ou les jardins des habitations, sans la permission expresse des propriétaires ou de leurs représentants.

Brûler un *bois-neuf*, etc. : expressions consacrées par l'usage, en Haïti, pour indiquer l'opération de défrichement qui consiste à brûler les bois abattus, les souches restées en terre, les halliers et les broussailles, sur un terrain destiné à recevoir des cultures.

Ces défenses ont pour but d'empêcher les incendies par imprudence ; dans un pays comme Haïti, presque entièrement couvert de forêts et de bois sous les rayons brûlants d'un soleil tropical, on ne saurait prendre trop de précautions contre le fléau de l'incendie.

Les officiers de police rurale feront bien de tenir la main sévèrement à l'observance des dispositions de ces deux articles ; quant aux incendies *volontaires*, l'article 356 du Code pénal en punit de mort les auteurs.

Art. 17.

Les digues, bassins de distribution et canaux qui servent soit à l'irrigation des propriétés, soit à l'usage des habitants, soit à tout autre utilité commune ou publique, seront entretenues par tous les propriétaires riverains ou autres intéressés, lesquels seront obligés, proportionnellement à l'importance de chaque prise d'eau, aux travaux de construction et de réparation jugés nécessaires par l'autorité, ainsi qu'au payement des frais de surveillance de tous gardiens ou syndics, sous peine d'amende, et sans préjudice de la contribution mise à leur charge.

L'article 522 du Code civil donne à tout propriétaire riverain d'une eau courante le droit de s'en servir à son passage pour l'irrigation de ses propriétés ; il était donc juste de mettre à la charge des propriétaires riverains intéressés, chacun dans la proportion de son droit, les dépenses d'entretien, de réparation et de construction nécessaires pour assurer à tous l'exercice de ce droit.

Art. 18.

Nul ne peut détourner le cours naturel ou établi des eaux, ni disposer de la portion d'eau d'un de ses co-intéressés sans le consentement exprès de celui-ci, sous peine d'une amende de deux cents gourdes et d'un emprisonnement de huit jours au moins, contre le propriétaire ou tout détenteur du terrain arrosé, et en outre sans préjudice des réparations et dommages-intérêts pour les torts causés.

L'article 521 du Code civil défend au propriétaire d'une source d'en changer le cours lorsque l'usage en a été acquis ou prescrit par les habitants d'un bourg ou d'une ville.

L'article 18 ci-dessus est une extension de cette défense ; il suffit que le cours de l'eau, dans les campagnes, soit naturel ou *établi* pour qu'il soit interdit de détourner ce cours. Cet article ne distingue pas comment aurait été établi le cours de l'eau, si c'est par acquisition, prescription ou autrement. Il faut donc considérer la défense comme absolue.

Quant à celle de détourner une portion d'eau revenant à un co-intéressé, cette défense n'est qu'une consécration du droit de propriété et du principe que nul ne peut s'approprier ce qui appartient à autrui sans le consentement de ce dernier.

L'amende et l'emprisonnement sont prononcés contre le propriétaire ou tout détenteur du terrain arrosé, par application de cet autre principe « que celui-là est présumé l'auteur d'un fait, à qui ce fait est profitable » — *auctor cui prodest.* — Ensuite il aurait été presque impossible de connaître l'auteur véritable du détournement ; qui peut être intéressé à détourner le cours d'une eau, si ce n'est, en général, celui qui en profitera ? la loi ne peut prévoir que les cas généraux.

Art. 19.

Nul ne peut déposer ou laisser séjourner sur les routes et chemins publics ou particuliers, aucun cabrouet, tombereau ou autres objets de nature à entraver la circulation, ni y déverser et faire couler, par des saignées ou autrement, le trop plein des eaux, sous peine d'amende et sans préjudice des réparations et dommages-intérêts pour les accidents ou torts causés par les contraventions au présent article.

Obstruer une route, un chemin public ou particulier, soit en y déposant des objets quelconques, comme ceux indiqués dans l'article 19, soit en pratiquant des saignées ou en y déversant des eaux, ce n'est pas seulement entraver la circulation, mais c'est aussi bien souvent mettre en péril, par imprudence, la vie des personnes. Le législateur, en ne considérant ces faits que comme de simples contraventions, s'est montré prévoyant, mais en même temps indulgent, sans doute à cause du défaut d'intention de nuire.

Au surplus, cet article 19 est la répétition en grande partie de la disposition nᵒ 4 de l'art. 390 du Code pénal.

SECTION III.

DES CULTURES EN GÉNÉRAL.

ART. 20.

Les propriétaires sont libres de varier à leur gré la culture et l'exploitation de leurs terres, et de disposer de toutes les productions de leur propriété dans l'intérieur de la République et en dehors, sans préjudicier aux droits d'autrui et en se conformant aux lois.

Reproduction en des termes plus développés du principe établi dans l'article 441 du Code civil, ainsi conçu : « Les particuliers ont la libre disposition des biens qui leur appartiennent, sous les modifications établies par les lois. »

ART. 21.

L'exploitation des arbres, denrées et grains propres à l'exportation constitue la grande culture ; les terres et les établissements affectés à ces cultures principales ne sont assujettis à l'impôt que sur la masse des produits recueillis.

ART. 22.

Les cultures secondaires consistent dans la culture des po-

tagers, des fleurs, des arbres fruitiers, des vivres et du four-
rage. Les terres et les établissements de culture secondaire
sont assujettis à l'imposition territoriale et foncière.

Ces deux articles, en établissant une distinction entre les différentes cultures, et en les divisant en deux classes : la grande
culture et la culture secondaire, — ou autrement en termes vul-
gaires : *La petite culture*, ne reconnaissent pas néanmoins deux
catégories de propriétaires, ni ne créent aucun privilège entre
les possesseurs de terres ; la loi est légale pour tous ; les uns
comme les autres ont droit à sa protection. Le petit cultivateur,
comme le grand propriétaire, apporte le tribut de son travail à
la prospérité générale ; aussi bien que le grand propriétaire, il a
droit à cette protection.

La définition que nous trouvons dans les articles 21 et 22 a
existé dans notre pays dans tous les temps ; aujourd'hui elle n'a
d'autre objet que de servir de base à l'assiette de l'impôt fon-
cier.

Art. 23.

Sur chaque établissement rural autre que les établissements de plaisance ou d'agrément, on sera tenu de cultiver
des vivres et grains en quantité suffisante pour la nourriture
des personnes qui y sont employées, et des animaux servant
à l'exploitation.

Art. 24.

Les établissements de culture de toute nature devront être
soigneusement entretenus sous la responsabilité des propriétaires, fermiers, gérants, et même des cultivateurs sous leurs
ordres.

Si l'on veut bien ne pas oublier que toute loi doit être faite en
raison des mœurs et de l'état de la nation pour laquelle elle est
faite, on ne sera nullement étonné de voir figurer ici l'espèce d'injonction formulée dans cet article.

Si la loi impose au propriétaire le soin de la propriété, c'est
autant dans son intérêt privé que dans l'intérêt général. Si la
négligence ou l'incurie du propriétaire ne devait préjudicier qu'à
lui seul, la loi resterait muette.

Art. 25.

Toutes denrées d'exportation, avant d'être ensachées, em-

ballées, enfutaillées ou empaquetées, devront être soigneusement nettoyées et mises dans un état loyal et marchand, sous
peine d'amende et même de confiscation des denrées en cas
de fraude.

Art. 26.

Pour assurer l'exécution des dispositions de l'article précédent, il sera établi, par un arrêté du Président d'Haïti, un
règlement général qui déterminera le mode de vérification
des denrées, de la constatation de leur qualité, de l'emballage et de l'embarquement.

L'article 25 exige qu'avant d'être livrées au commerce, toutes
denrées d'exportation soient soigneusement nettoyées et mises
dans un état loyal et marchand, sous peine d'amende et même
de confiscation des denrées en cas de fraude.

Cette prescription, l'amende et la confiscation qui la sanc-
tionnent, ont une parfaite analogie avec les dispositions du Code
pénal relatives au débit des boissons; l'art. 394 de ce Code punit
d'amende toute vente ou tout débit de boissons falsifiées, sans
préjudice de peines correctionnelles plus sévères dans le cas où
les boissons contiendraient des mixtions nuisibles à la santé, et
l'art. 396 du même Code ordonne la saisie et la confiscation de
ces boissons.

Il ne faut pas confondre la peine de la confiscation prononcée
dans certains cas par nos lois et la confiscation prescrite par la
Constitution.

La confiscation, celle que l'on peut appeler la confiscation *légale*,
ne s'applique, en vertu de dispositions légales, qu'à des objets
nuisibles ou possédés illégitimement, ou encore introduits par
fraude ou par contrebande dans le pays en violation des lois de
douane.

Nous reviendrons, au surplus, sur ces articles quand nous
examinerons, comme nous nous le proposons, le règlement
général qui devra en assurer l'exécution.

CHAPITRE III.

Des baux des biens ruraux et des conventions entre les propriétaires et les fermiers principaux, colons partiaires, cultivateurs ou travailleurs.

ART. 27.

La durée et les clauses des baux des biens ruraux, comme aussi la durée et les conditions des travaux sur lesdits biens sont purement conventionnelles ; à défaut de convention spéciale, la durée, les clauses et les conditions des baux et des travaux dans les campagnes sont régies par les dispositions générales du Code civil, par celles de la présente loi et par les usages locaux.

L'ancien Code rural de 1826 — loi n° 3 — avait créé une législation particulière et spéciale d'après laquelle la forme et les diverses conventions des contrats entre les propriétaires ou fermiers principaux et les agriculteurs, cultivateurs ou travailleurs étaient invariablement réglées ; cette loi n° 3 avait aussi déterminé les obligations réciproques des uns et des autres. Cette réglementation qui, en dérogeant au droit commun, plaçait les contractants sous une sorte de tutelle légale, avait sans doute des avantages, mais elle ne tarda pas, dans la pratique, d'offrir de graves inconvénients et de soulever de nombreuses difficultés. De cet état de choses il résulta que le grand nombre, dont elle lésait les droits et les intérêts au lieu de les protéger, ne se fit aucun scrupule de la violer ouvertement quand elle ne pouvait être éludée. Les *contrats* devinrent odieux ; le Code rural lui-même fut atteint dans ses dispositions les plus sages de cette répulsion publique.

Ce Code fut rapporté en 1843, et depuis lors la police des campagnes fut régie par des lois toujours incomplètes.

Le nouveau Code de 1864, dans l'art. 27, rétablit les principes du droit commun. Désormais, — et conformément à l'art. 925 du Code civil : — « Les conventions légalement formées tiendront lieu de loi à ceux qui les auront faites. »

Ce n'est que lorsque les parties n'auront pas fait elles-mêmes des conventions spéciales que les dispositions générales du Code civil régleront leurs droits respectifs.

Tel est le sens de cet article 27.

Art. 28.

Lorsqu'il surviendra des difficultés ou des différends entre les propriétaires et les fermiers, gérants ou contractants, la partie la plus diligente portera ses plaintes et réclamations devant l'officier de la police rurale de la section, lequel après avoir fait appeler et entendu les deux parties contradictoirement, tâchera de les concilier dans les vingt-quatre heures.

Art. 29.

Celles des deux parties qui ne voudra pas se rendre aux avis de l'officier de la police rurale, pourra porter le différend devant le juge de paix de la commune, lequel statuera définiti vement dans le même délai de vingt-quatre heures, les parties dûment appelées, sauf recours si la décision du juge de paix est susceptible d'appel.

L'article 28 offre aux parties, en cas de différends entre elles, un moyen de conciliation sans frais et sans déplacement, en les autorisant à porter leurs plaintes et leurs réclamations devant l'officier de la police rurale de la section.

La loi suppose que cet officier, placé sur les lieux, et étant à même de mieux connaître les parties et d'apprécier les causes de leurs différends, parviendra facilement à les concilier.

Il faut remarquer qu'aux termes de l'article 29, l'officier de police rurale ne juge pas le différend : il émet seulement un avis oral que les parties sont libres d'adopter ou de ne pas adopter, et, dans ce dernier cas, la voie de la justice est ouverte à chacune d'elles : le différend peut donc toujours être déféré au juge de paix de la commune.

Le but du législateur est évident : c'est d'offrir aux cultivateurs un moyen d'éviter des pertes de temps et des frais.

CHAPITRE IV.

SECTION Ire.

DE LA GARDE ET DE LA CAPTURE DES ANIMAUX ; ET DES DÉGATS
COMMIS SUR LES BIENS RURAUX.

ART. 30.

Tout propriétaire ou fermier d'un bien rural est libre
d'avoir chez lui telle quantité et telle espèce d'animaux qu'il
croit utile à la culture et à l'exploitation de ses terres, et de
les y faire pâturer, à la charge par lui de leur procurer une
nourriture suffisante, de les faire garder à vue ou à la longe,
ou de les parquer, sauf ce qui sera réglé ci-après relativement à l'établissement et à l'administration des hattes.

Cet article peut être résumé en ces termes : dans les campagnes
tout propriétaire ou fermier a le droit d'avoir chez lui telle quantité et telle espèce d'animaux qu'il lui convient, pourvu que ces
animaux ne soient ni dommageables ni nuisibles à autrui, la
manière de les garder, énoncée dans l'article, est simplement
indicative.

ART. 31.

Il est défendu expressément de mutiler, estropier ou tuer
les chevaux, mulets, ânes ou autres bêtes de charge, bêtes à
cornes, moutons ou tous animaux inoffensifs trouvés dans les
jardins ou champs cultivés dont ils auraient franchi, forcé ou
brisé les clôtures ou entourages.

Pourront néanmoins être abattus les cochons et les cabris
qui auront été trouvés dans les jardins et les champs cultivés ;
dans ce cas, les trois pieds et la tête de l'animal seulement
appartiendront à celui qui l'aura abattu.

Une ancienne loi du 29 juillet 1828 permettait d'abattre les
bêtes à cornes ; cette permission avait donné lieu à de nombreux
abus ; aujourd'hui il n'est plus permis d'abattre que les cochons
et les cabris, et même pour avoir ce droit, il faut qu'on trouve
ces animaux dans les jardins ou champs cultivés.

Nous rappelons ici que les articles 372, 373, 374 du Code pénal
ont prévu le cas où des animaux ont été tués ou empoisonnés
sur les terres de ceux à qui ces animaux appartenaient. Il n'a
été en rien dérogé à ces articles.

ART. 32.

Dans les vingt-quatre heures de la capture des animaux indiqués en l'article précédent, les propriétaires, fermiers ou
gérants du domaine sur lequel lesdits animaux auront été
capturés, en donneront avis à l'officier de la police rurale de
la section, lequel devra sans retard se transporter sur ledit
domaine, opérer la saisie desdits animaux et constater les
dégâts commis ; de tout quoi, il dressera, sur les lieux, un
procès-verbal.

Dans le cas où les animaux qui auront commis les dégâts
n'auront pu être capturés, sur l'avis qui lui sera donné par
le propriétaire du domaine dévasté, l'officier de la police
rurale de la section devra également se transporter sur ledit
domaine, constater et évaluer les dégâts commis ; il devra
aussi recueillir et consigner dans son procès-verbal les renseignements et les témoignages tendant à faire reconnaître les
animaux et leurs propriétaires.

Cet article prévoit deux cas où des dommages ont été commis
sur la propriété d'autrui par des animaux autres que des cochons
ou des cabris :

Ou les animaux ont été capturés, ou ils n'ont pas été capturés.
Dans l'un comme dans l'autre cas, le propriétaire du domaine
dévasté doit requérir, dans les vingt-quatre heures, l'officier de
la police rurale, qui, arrivé sur les lieux, dans l'un et l'autre
cas, constate les dégâts, en fait l'estimation et dresse un procès-
verbal.

Dans le cas de capture, il opère la saisie des animaux qui lui
sont remis et dont il indique dans le procès-verbal le nombre,
l'espèce, la couleur et les étampes.

En cas de non-capture, il remplace la saisie par la consignation
dans son procès-verbal des renseignements et des témoignages
propres à faire reconnaître les animaux et leurs propriétaires.

L'article 32, fixant un délai de vingt-quatre heures pour la réquisition et la constatation, et prescrivant à l'officier de police rurale de se transporter sur les lieux sans retard, cet officier doit consigner dans son procès-verbal l'heure de la réquisition et celle de son transport; et, en cas de retard, les causes de ce retard.

Art. 33.

Immédiatement après cette constatation, ou au plus tard dans les vingt-quatre heures qui suivront, l'officier de police rurale de la section expédiera, avec le procès-verbal de saisie et de constatation, l'animal saisi, au juge de paix de la commune qui en ordonnera sans retard le dépôt au lieu d'épaves de la commune.

L'officier de la police rurale, pour mettre à couvert sa responsabilité, doit donc constater aussi dans son procès-verbal l'heure à laquelle il aura terminé ce procès-verbal.

Art. 34.

Le juge de paix prononcera aussi, dans les trois jours, sur l'amende encourue et les dommages-intérêts pour les dégâts constatés.

L'amende et les dommages-intérêts seront payés par le propriétaire de l'animal saisi, sauf son recours contre le gardeur, s'il y a lieu.

Le juge de paix, après avoir ordonné le dépôt des animaux au lieu d'épaves de la commune, prononcera dans les trois jours sur les dommages-intérêts.
Ce délai est ainsi fixé pour que la sentence du juge ne soit pas indéfiniment ajournée, et aussi pour que toute réclamation puisse être produite.

Art. 35.

En aucun cas et sous aucun prétexte, les propriétaires, fermiers, gérants ou autres personnes qui auront capturé un animal quelconque, dans les cas prévus par la présente loi, ne pourront les employer à aucun service pendant le temps que l'animal restera en leur possession.

Le commandant d'une commune exerce dans l'étendue de la commune placée sous son commandement la même autorité et les mêmes attributions que le commandant d'arrondissement dans l'étendue de l'arrondissement. Il a les mêmes devoirs à remplir ; sa responsabilité est plus restreinte, mais elle est la même dans sa limite.

Entre l'autorité de l'un et celle de l'autre, il n'y a de différence notable que celle qui résulte de la hiérarchie : l'article 71 est formel. Les commandants des communes exercent leur autorité sous le contrôle et la haute inspection des commandants d'arrondissement. Et d'après l'article 74 c'est aux commandants d'arrondissement qu'ils doivent adresser leurs rapports immédiatement après chaque tournée.

Il résulte évidemment de ces dispositions générales que dans tous les cas particuliers d'une certaine importance, excepté toutefois lorsqu'il y a urgence, le commandant d'une commune doit s'adresser ou s'en référer au commandant de l'arrondissement.

La hiérarchie n'est autre chose que l'ordre dans les degrés de l'autorité ; elle prévient la confusion en établissant la régularité dans toutes les relations du service ; elle maintient la discipline et assure l'exécution des ordres. La hiérarchie est une échelle dont le premier degré domine au-dessus des autres ; sans hiérarchie, point de société.

Si on insiste ici sur la nécessité d'observer les règles de la hiérarchie à propos des attributions des commandants d'arrondissement et des commandants de commune, c'est que les bons exemples donnés par les supérieurs sont des enseignements que les inférieurs suivent plus volontiers.

Art. 72.

En conséquence, le commandant de commune est responsable dans sa commune :

1° De la sécurité des personnes ;

2° De la protection des propriétés et des cultures, de l'ordre et de l'assiduité dans les travaux et de la discipline des ateliers ;

3° De l'état des routes et chemins publics, et de l'état des cours d'eau, digues et canaux d'irrigation ;

4° De l'exécution des lois.

Ils doivent se tenir constamment au courant de l'état moral et sanitaire, ainsi que des besoins légitimes des populations.

Art. 73.

Le commandant de commune est obligé de faire trois fois

au moins, chaque année, la tournée de toutes les sections
rurales dans l'étendue de son commandement.

ART. 74.

Le commandant de commune, dans chaque tournée, visi-
tera les jardins de denrées et de vivres, les divers genres de
culture, les plantations nouvelles; il entrera dans tous les
détails prévus par la présente loi et s'assurera si les agents
sous ses ordres ont satisfait à tous les devoirs qui leur sont
imposés; il réprimera les négligences et les irrégularités; il
écoutera les réclamations et les plaintes; il fera droit aux
premières si elles sont fondées, et s'efforcera de concilier les
parties sur les secondes; du tout, il dressera, pour chaque
section, un rapport détaillé qu'il adressera, sans retard, au
commandant d'arrondissement.

Ces articles sont d'une grande importance. Chaque commandant de commune devrait les avoir constamment sous les yeux.
C'est le résumé de ses attributions et de ses devoirs.

L'art. 73 lui impose l'obligation de faire trois tournées chaque
année pour visiter toutes les sections rurales de son commandement, et l'art. 74 indique le but de ces tournées.

Pour tout ce qui concerne les propriétés et les cultures, l'action
d'un commandant de commune doit être toute de protection. Elle
doit se faire sentir par des avis et des conseils bienveillants; les
injonctions et la répression ne doivent être employées que dans
le cas où la loi est méconnue et violée.

Les visites sur les habitations, dans les exploitations et dans
les jardins doivent être aussi fréquentes que possible, sans avoir
le caractère d'une inquisition; leur but doit être d'encourager le
travail et le développement de tous les genres de culture, d'en
constater les progrès et les causes de dépérissement, d'indiquer
les moyens nouveaux d'amélioration. Il s'assurera si les clôtures
sont respectées, si les eaux ne sont pas détournées, si les canaux
sont en bon état, si les plantations prescrites ont été faites et
sont bien entretenues; enfin, comme il est dit à l'art. 72, il entrera dans tous les détails prévus par la présente loi.

Jusqu'à ce que le règlement prévu par l'art. 26 du présent
code, sur la vérification des denrées d'exploitation, ait été promulgué, les commandants de commune devront apporter la plus
grande vigilance à l'exécution rigoureuse de l'art. 25. Le nettoyage et la préparation de ces denrées sont de la plus grande
importance; ils ne sauraient donc trop recommander aux officiers et agents de la police rurale d'y tenir la main sévèrement.

La prospérité publique, notre crédit à l'étranger, et la fortune des cultivateurs eux-mêmes dépendent du bon état des denrées destinées à être livrées au commerce. Quant à la sécurité des personnes, il devra l'assurer en poursuivant sévèrement les vagabonds, les mendiants et les gens sans aveu ; il préviendra les rixes et les voies de fait en prêchant l'union et la conciliation, en inspirant à chacun le respect de la loi, en faisant comprendre à ous que nul ne doit se faire justice soi-même ; que les tribunaux tont institués pour protéger tous les droits et rendre une justice impartiale à tous les citoyens, sans distinction.

Il écoutera les réclamations et les plaintes ; il fera droit aux sréclamations si elles sont fondées ; il est bien entendu, qu'il ne s'agit ici que des réclamations de sa compétence ; si ces réclamations concernaient, par exemple, des droits de propriété ou autres droits civils, il ne pourrait, dans aucun cas, intervenir entre les parties que de leur consentement et pour s'efforcer de les concilier par des conseils et non par autorité.

Le commandant d'une commune, dansla limite de son commandement, a, comme on le voit, de très grandes attributions ; il les exerce sous sa responsabilité ; il ne doit donc jamais en sortir et empiéter sur celles des autres fonctionnaires ; il est de son devoir, au contraire, de marcher en harmonie avec ces fonctionnaires, dont il est en quelque sorte le chef, en sa qualité de représentant du pouvoir exécutif dans la commune ; sa supériorité hiérarchique ne lui donne pas le droit de s'immiscer dans l'exercice de leurs fonctions ; il doit par sa propre influence, assurer de la part des citoyens à tout fonctionnaire, surtout dans l'exercice de ses fonctions, le prestige et le respect dus à tout agent de l'autorité.

La loi rend le commandant d'une commune aussi bien que le commandant d'arrondissement personnellement responsable de la négligence de tous les agents placés sous ses ordres ; cette responsabilité est la conséquence nécessaire de l'autorité. La négligence dont parle la loi est évidemment celle qui résulterait d'une succession d'actes et non d'un fait isolé. C'est la négligence chronique, pour nous servir d'une expression qui appartient à la langue médicale, qui seule engage la responsabilité.

Le commandant de commune est chargé de l'état des voies de communication ainsi que de l'état des cours d'eau. Cette surveillance n'est pas la moins importante.

Personne n'ignore le rôle considérable attribué à une bonne répartition des eaux dans la prospérité de l'agriculture, surtout dans notre pays, où l'on peut dire que l'eau est le principal engrais.

Cette surveillance doit être de tous les instants.

Détourner l'eau d'un voisin, c'est en quelque sorte lui voler une partie de sa récolte : aussi l'art. 18, qui a prévu ce cas de détournement, punit le coupable de peines sévères. Cette sollicitude du législateur ne suffit-elle pas à faire comprendre au commandant d'une commune la gravité du devoir qui lui est confié dans cette circonstance. De sa vigilance dépendra la prospérité de la culture dans sa commune.

Le devoir de veiller au bon état des voies de communication n'est pas moins impérieux. Le bon entretien de ces voies a toujours été, dans tous les pays, considéré comme une cause efficace de développement et de progrès, non pas pour l'agriculture seulement, mais aussi pour le commerce, et même, disons-le, pour toutes les relations sociales.

Le bon entretien des voies de communications est un devoir bien plus impérieux encore dans un pays comme le nôtre, où les moyens de transport sont à l'état primitif.

Il suffit, ce nous semble, de rappeler ici ces considérations générales pour que les commandants de commune secondent de toute leur activité et de toute leur vigilance, les efforts faits par l'autorité supérieure pour donner aux besoins et aux vœux des populations, à ce sujet, une légitime satisfaction.

La loi recommande expressément aux commandants d'arrondissement (art. 70 § 6) et aux commandants des communes (art. 72 § 5) de s'enquérir constamment de l'état moral et sanitaire, du bien-être, ainsi que des besoins légitimes des populations, et de comprendre ces objets dans leurs rapports avec des observations de nature à éclairer le gouvernement. Cette prévoyante sollicitude du législateur, en donnant ainsi une aussi vaste étendue aux attributions de ces représentants de l'autorité, leur impose en même temps une grave et honorable responsabilité. Elle fait dépendre de leur propre sollicitude, de leurs actives et paternelles investigations, de la fidélité et de l'exactitude de leurs rapports, la vie, la santé, le progrès intellectuel et moral et la prospérité des populations confiées à leur administration. Les commandants des arrondissements et les commandants des communes ne doivent-ils pas être fiers quand la confiance du chef de l'Etat les choisit pour remplir des fonctions aussi élevées, aussi délicates et aussi considérables?

Le commandant de commune est enfin responsable, dit l'art. 72, de l'exécution des lois; il faut ajouter — et de tous les arrêtés et actes du pouvoir exécutif.

Indépendamment de toutes ces attributions que l'on peut appeler *attributions administratives*, le Code d'instruction criminelle confère aux commandants de commune des attributions judiciaires.

Ils ont même, en cas de flagrant délit, les pouvoirs des commissaires de gouvernement, pour arrêter les prévenus, rechercher et constater les crimes et délits

Hors le cas de flagrant délit, ils ne sont plus que des auxiliaires dans l'ordre judiciaire. Vouloir sortir de ce rôle secondaire, c'est méconnaître la loi; c'est donner un funeste exemple.

On ne saurait donc trop recommander aux commandants d'arrondissement et aux commandants de commune d'observer la séparation établie par la loi constitutionnelle entre l'action administrative et l'action de la justice. Cette séparation est, comme la hiérarchie dont nous parlions plus haut, essentielle à l'harmonie des pouvoirs, au maintien de l'ordre et à la conservation des libertés publiques.

SECTION IV.

DES SECTIONS RURALES ET DES DISTRICTS.

ART. 75.

Les communes seront, par un règlement particulier du Président d'Haïti, divisées en sections rurales et en districts agricoles.

ART. 76.

Chaque section et chaque district seront désignés par un nom particulier ou par un numéro d'ordre; leur étendue et leurs limites seront déterminées.

ART. 77.

Provisoirement et jusqu'à ce que la nouvelle division ait été établie, les communes resteront divisées en sections rurales comme elles sont actuellement, et les sections existantes conserveront leurs désignations nominatives, leur étendue et leurs limites actuelles.

Ces articles consacrent la division actuelle des communes en sections rurales et districts agricoles, et maintiennent provisoirement cette division telle qu'elle existe aujourd'hui.

L'article 75 confère au Président d'Haïti le droit de procéder, par un règlement particulier, à une nouvelle division des communes en sections et districts. Mais pour qu'une nouvelle division puisse être faite d'une manière convenable, il faudrait préalablement dresser un plan cadastral de chaque commune.

Tant que le plan cadastral de chaque commune n'aura pas été établi régulièrement, il ne pourra être apporté à l'état actuel que des changements partiels et provisoires.

SECTION V.

DES OFFICIERS DE LA POLICE RURALE ET DES GARDES CHAMPÊTRES

§ 1. — *Des chefs de section.*

Art. 78.

Dans chaque section rurale il sera placé un officier de police rurale qui, sous le titre de chef de section, sera chargé de la surveillance de la section, de l'inspection des cultures et des travaux et de la police.

Art. 79.

Les chefs de section seront nommés par le Président d'Haïti, sur la présentation et sous la responsabilité des commandants d'arrondissement; ils seront pourvus, par commission temporaire ou définitive, d'un grade d'officier, depuis celui de sous-lieutenant jusqu'à celui de capitaine.

Art. 80.

Les chefs ou officiers de sections rurales seront indépendants les uns des autres et n'auront de rapports qu'avec le commandant de la commune et celui de l'arrondissement sous les ordres desquels ils sont placés, et aussi avec tous les autres délégués de l'autorité supérieure; ils correspondront aussi avec les autorités civiles et judiciaires, et déféreront à leurs réquisitions pour l'exécution des lois; ils seront tenus chacun de résider, autant que possible, au centre de la section dont ils sont chargés; ils prêtent serment de bien remplir leurs devoirs entre les mains du commandant de l'arrondissement, avant d'entrer en fonctions.

Art. 81.

Ces fonctions consistent spécialement, dans chaque section :

1° Dans le maintien du bon ordre et de la tranquillité ;

2° Dans l'exécution des lois en général et particulièrement des lois et arrêtés concernant l'agriculture et la police des campagnes ;

3° Dans la protection des propriétés et la surveillance des cultures et de tous les travaux manuels ;

4° Dans la surveillance des routes, chemins publics et vicinaux, des cours d'eau, digues et canaux de distribution et d'arrosage ;

5° Dans la répression du vagabondage, de tous désordres et de toutes contraventions de police généralement quelconques.

Art. 82.

Les chefs de section sont responsables de toutes négligences et infractions dans l'accomplissement de leurs fonctions et de leurs devoirs ; ils sont également responsables de toutes négligences, de toutes infractions de la part des agents placés sous leurs ordres, lorsqu'ils ne les auront pas dénoncés ou réprimés.

Art. 83.

Chaque chef de section a sous ses ordres les chefs de districts et les gardes champêtres de sa section. En outre, il a le droit de disposer, pour le maintien de l'ordre et l'exécution des lois et autres actes du Gouvernement, de la force armée préposée à cet effet ; et même, dans ces cas, s'il y a urgence, de requérir l'assistance de tout citoyen, garde national ou autre.

L'administration et la police, dans chaque section, est confiée à un chef de section, nommé par le Président d'Haïti, et qui est pourvu, en vertu d'une commission temporaire ou définitive, d'un grade militaire depuis celui de sous-lieutenant jusqu'à celui de capitaine.

Les fonctions de chaque chef de section, dans sa section, sont les mêmes que celle des commandants des communes, dans la commune. Il n'y a de différence que dans l'étendue des deux commandements, et dans le caractère hiérarchique de l'autorité.

Les chefs de section doivent donc prendre pour modèle de leur onduite celle du ommandant de la commune, auquel, d'ailleurs, ls sont immédiatement subordonnés pour tout ce qui concerne leur service.

On a critiqué les dispositions de l'article 79 d'après lequel le Président d'Haïti a le droit de conférer des grades militaires aux chefs de section. Dans cette critique, on n'a pas tenu compte assez de ce que ces grades peuvent n'être transférés que *pro tempore*. Cette innovation est pourtant d'une grande importance ; elle inaugure avec l'assimilation un système nouveau de transition qui permettra dans l'avenir de passer des institutions militaires aux institutions civiles, sans commotion et sans troubles. Qu'on réfléchisse donc bien avant de critiquer et l'on verra qu'il y a là une idée de progrès qu'il appartient à l'avenir de développer.

Art. 84.

Tout citoyen, quel qu'il soit, qui, dans les cas prévus en l'article précédent, refusera d'obtempérer aux réquisitions d'un officier de police rurale, sera passible d'amende.

Tout citoyen qui mérite ce titre est intéressé au maintien de l'ordre et à l'exécution des lois, qu'il soit garde national ou non. L'article 84 ne fait que consacrer et sanctionner une obligation imposée à tout citoyen par cet intérêt social.

Art. 85.

Le chef de section est tenu de faire la tournée de sa section et d'en visiter chaque habitation au moins une fois par mois, avec l'assistance, s'il le juge à propos, d'un ou de tous les gardes champêtres sous ses ordres.

Art. 86.

Dans leurs tournées, les chefs de section, dès leur arrivée sur chaque habitation, s'adresseront au propriétaire ou, à son défaut, à son représentant, afin de procéder en sa présence à la visite et à l'inspection de l'habitation ; ils vérifieront si tout est dans l'ordre, si tous les travailleurs sont à l'ouvrage et si les règlements sur la culture et la police des campagnes sont observés ; ils recevront les réclamations et les plaintes : y feront droit par voie de conciliation, s'il y a lieu, sinon en dresseront procès-verbal et renverront les parties devant l'autorité compétente.

Art. 87.

Dans les cas de crimes, de délits ou contraventions prévus par les lois. les chefs de section exerceront les attributions conférées par le Code d'instruction criminelle (loi n° 2, chapitres 1, 2 et 5).

L'article 85 n'impose aux chefs de section qu'une tournée dans sa section et une visite de chaque habitation tous les mois, mais il est bien entendu qu'indépendamment de cette tournée obligatoire, le chef de section doit, dans le courant de chaque mois, faire des tournées et des visites partielles; c'est pour lui le seul moyen de se mettre constamment et exactement au courant de tout ce qu'il aura intérêt et qu'il est de son devoir de savoir.

Dans ces tournées, le chef de section doit observer les mêmes prescriptions qui ont été indiquées plus haut pour le commandant de la commune.

Il doit y apporter le même esprit de conciliation, s'inspirer des mêmes sentiments. Plus l'étendue du commandement est limitée, plus la responsabilité doit être sévère. Ce qui pourrait échapper à la vigilance d'un commandant de commune ne doit point échapper à celle d'un chef de section.

Art. 88.

Tous les mois, les chefs de section dresseront un rapport détaillé de la situation morale et matérielle de leurs sections et en adresseront une copie certifiée au commandant de leur commune et une autre copie certifiée au conseil communal. Ce rapport devra contenir notamment tout ce qui s'est passé de plus remarquable dans chaque section dans le courant du mois, des observations sur l'état de développement ou de dépérissement des cultures, les causes de dépérissement et

les moyens d'y remédier. Il devra contenir aussi l'état numé
rique de la population, avec les changements de domiciles, les
décès et les naissances survenus dans le cours de chaque
mois.

Art. 89.

Indépendamment du rapport mensuel prescrit par l'article
précédent, tous les dimanches matin le chef de section sera
tenu de se présenter en personne, ou, en cas d'empêchement,
d'envoyer un des gardes champêtres sous ses ordres devant
le commandant de la commune pour lui faire oralement le
rapport de ce qui s'est passé dans la section pendant la
semaine écoulée.

Les chefs de section ont deux sortes de rapports à faire : un
rapport verbal et un rapport écrit.

Le rapport verbal sera fait au commandant de la commune
tous les dimanches dans la matinée, par le chef de section, en
personne, ou, en cas d'empêchement, par un garde champêtre
délégué à cet effet.

Les cas d'empêchement doivent être légitimes, et soumis au
commandant de la commune qui les appréciera.

Le rapport mensuel par écrit devra être fait avec soin et contenir tous les détails prescrits par l'article 88.

Ainsi, il devra comprendre notamment :

1° Des observations sur l'état des cultures de la section ;

2° L'indication des causes de dépérissement, s'il y a dépérissement, avec les moyens d'y remédier ;

3° L'état numérique des habitants domiciliés dans la section ;

4° Les changements de domicile ;

5° Les décès et les naissances survenus dans le cours de chaque
mois.

Et en outre tout ce qui s'est passé de plus remarquable dans
le courant du mois.

Quant au rapport de chaque semaine, fait oralement, il aura
pour principal objet de constater le maintien de la tranquillité,
l'activité du travail, les progrès des cultures et l'état des voies de
communication.

La copie adressée au conseil communal a pour but de ren-
seigner ce conseil sur l'état de la commune, de lui fournir un
moyen de contrôler les déclarations de naissances et de décès,
et de le mettre à même de porter ses observations, ses réclamations et ses vœux directement au Secrétaire d'Etat de l'intérieur,
et, s'il y a lieu, au Chef de l'Etat.

§ 2. — *Des chefs de district.*

Art. 90.

Dans chaque district agricole, il sera placé un officier de police rurale qui, sous le titre de chef de district, sera chargé de la surveillance spéciale, de l'inspection des cultures et des travaux, et de la police dans l'étendue de son district.

Art. 91

Les chefs de district sont nommés par le Président d'Haïti, et pourvus, par commission définitive ou temporaire, d'un grade militaire, comme il est indiqué pour le chef de section en l'article qui précède.

Art. 92.

Ils sont indépendants les uns des autres et n'ont de rapports qu'avec les chefs de leurs section respective.

Néanmoins, en cas d'un danger imminent, ils se doivent aide et assistance, comme tous les citoyens entre eux. Hors ce cas, chacun est tenu de rester dans ses limites et ne doit établir aucun rapport avec les chefs voisins.

Art. 93.

Ils exercent, dans leur district, les fonctions attribuées aux chefs de section et sont assujettis aux mêmes devoirs.

Art. 94.

Chaque semaine, ils visitent les habitations de leur district et rendent un compte oral de leur tournée, au chef de section, le samedi matin de chaque semaine.

Tout ce que nous venons de dire concernant les chefs de section est applicable aux chefs de district.

Entre la section et le district il n'y a qu'une différence : celle de l'étendue territoriale.

Les attributions et les devoirs des chefs de district sont les mêmes dans leur district, que les attributions et les devoirs du chef de section, dans sa section.

Nous ferons observer ici que les districts agricoles n'existant pas encore, l'article 129 ci-après a prescrit que les chefs de district seraient remplacés provisoirement par des agents qui auraient le titre de sous-chefs de section et qui exerceraient leurs fonctions.

D'après le Code rural de 1826 la division de chaque commune avait été renvoyée à un règlement particulier ; et l'article 130 de cet ancien code qui consacrait cette disposition, ajoutait que chaque section serait, dans la plaine, d'une étendue de quatre lieues, et que cette étendue serait fixée, dans les mornes, suivant la nature du terrain.

Depuis lors, le règlement promis n'a pas été fait ; encore aujourd'hui, l'étendue et les limites des sections sont déterminées par la tradition et l'usage.

§ 3. — *Des gardes champêtres.*

ART. 95.

Chaque chef de section aura sous ses ordres, à poste fixe, quatre gardes champêtres, au moins, dont un sera maréchal des logis et en même temps secrétaire du chef de section.

ART. 96.

Les gardes champêtres sont les agents auxiliaires des chefs de section et des chefs de district ; ils concourrent, sous leur autorité et sous leurs ordres, à l'exécution de tout ce qui concerne la police rurale ; ils sont spécialement chargés de parcourir les campagnes dans l'étendue de leur section respective, pour découvrir les contraventions, maintenir le bon ordre et mettre en état d'arrestation les gens sans aveu, les vagabonds et les mendiants.

Les gardes champêtres ne sont pas seulement des agents de la force armée ; en leur qualité d'agents auxiliaires des chefs et des sous-chefs de section, et comme chargés par l'article 96 du Code rural de rechercher les contraventions, ils sont revêtus d'un caractère mixte.

Ils ont le droit de mettre en état d'arrestation non pas seulement les gens sans aveu, les vagabonds et les mendiants, mais aussi tout citoyen prévenu d'un délit ou d'un crime, qu'ils auront surpris en flagrant délit, ou qui aura été dénoncé par la clameur publique.

Aux termes des articles 8, 9 et 10 du Code d'instruction criminelle, ils sont chargés, en leur qualité d'agents de la police rurale, de la recherche des délits et des crimes; ils reçoivent les déclarations et les dénonciations.

Les agents de la police rurale ne font que des *rapports* qu'ils adressent aux juges de paix, excepté lorsqu'ils sont délégués; c'est à ces magistrats qu'est réservé le droit de dresser des procès-verbaux.

Nous croyons utile de transcrire ici les principaux articles du Code d'instruction criminelle qui déterminent les attributions conférées aux agents de la police rurale, comme auxiliaires de la police judiciaire.

CODE D'INSTRUCTION CRIMINELLE :

« Art. 8. La police judiciaire recherche les crimes, les délits et les contraventions, en rassemble les preuves, et en livre les auteurs aux tribunaux chargés de les punir. »

« Art. 9. La police judiciaire sera exercée, suivant les dispositions qui vont être établies, par le ministère public, par les juges d'instruction, par les juges de paix et par les agents de la police rurale et urbaine. »

« Art. 10. Les agents de la police rurale et urbaine sont chargés de rechercher les crimes, les délits et les contraventions qui auront porté atteinte aux personnes ou aux propriétés.

« Ils feront leur rapport aux juges de paix de la commune sur la nature, les circonstances, le temps et le lieu des crimes, des délits et des contraventions, ainsi que sur les preuves et les indices qu'ils auront pu en recueillir.

« Ils suivront les choses enlevées dans les lieux où elles auront été transportées, et les mettront en séquestre.

« Ils arrêteront et conduiront devant le juge de paix, tout individu qu'ils auront surpris en flagrant délit, ou qui sera dénoncé par la clameur publique. »

« Art. 11. Les juges de paix ou leurs suppléants, dans l'étendue de leurs communes, rechercheront les crimes, les délits et les contraventions : ils recevront les rapports, dénonciations et plaintes qui y sont relatifs.

« Ils consigneront, dans les procès-verbaux qu'ils rédigeront à cet effet, la nature et les circonstances des contraventions, délits et crimes; le temps et le lieu où ils auront été commis; les preuves et indices à la charge de ceux qui en seront présumés coupables. »

« Art. 19. Toute autorité constituée, tout fonctionnaire ou officier public, qui, dans l'exercice de ses fonctions, acquerra la connaissance d'un crime ou d'un délit, sera tenu d'en donner avis sur-le-champ au commissaire du gouvernement dans le ressort duquel ce crime ou ce délit aura été commis, ou dans lequel le prévenu pourrait être trouvé, et de transmettre à ce magistrat tous les renseignements, procès-verbaux et actes qui y seront relatifs. »

« Art. 20. Toute personne qui aura été témoin d'un attentat, soit contre la sûreté publique, soit contre la vie ou la propriété d'un individu, sera pareillement tenue d'en donner avis au commissaire du gouvernement, soit du lieu où le prévenu pourra être trouvé. »

« Art. 31. Le délit qui se commet actuellement ou qui vient de se commettre, est un flagrant délit.

« Seront aussi réputés flagrant délit : le cas où le prévenu est poursuivi par la clameur publique, et celui où le prévenu est trouvé saisi d'effets, armes, instruments et papiers faisant présumer qu'il est auteur ou complice, pourvu que ce soit dans un temps voisin du délit. »

« Art. 38. Les juges de paix et agents de la police rurale et urbaine recevront les dénonciations des crimes ou délits commis dans les lieux où ils exercent leurs fonctions habituelles. »

Art. 39. Dans le cas de flagrant délit, ou dans le cas de réquisition de la part d'un chef de maison ou d'habitation, les juges de paix dresseront les procès-verbaux, recevront les déclarations des témoins, feront les visites et les actes qui sont, auxdits cas, de la compétence des commissaires du gouvernement; le tout dans les formes, et suivant les règles établies au chapitre *des Commissaires du Gouvernement.*

« Dans les mêmes cas, les agents de la police rurale et urbaine feront leur rapport au juge de paix, qui en dressera procès-verbal. »

« Art. 40. Dans les cas de concurrence entre le commissaire du gouvernement et les juge de paix et agents de police énoncés aux articles précédents, le commissaire du gouvernement fera les actes attribués à la police judiciaire; s'il a été prévenu, il pourra continuer la procédure, ou autoriser l'officier qui l'aura commencée à la suivre. »

« Art. 41. Le commissaire du gouvernement, exerçant son ministère dans les cas des articles 22 et 36, pourra, s'il le juge utile et nécessaire, charger un officier ou agent de police auxiliaire de partie des actes de sa compétence. »

« Art. 42. Les officiers et agents de police auxiliaires renverront, sans délai, les dénonciations, procès-verbaux et autres actes par eux faits, dans les cas de leur compétence, au commissaire du gouvernement, qui sera tenu d'examiner sans retard les procédures, et de les transmettre, avec les réquisitions qu'il jugera convenables, au juge d'instruction. »

« Art. 43. Dans les cas de dénonciation de crimes ou délits

autres que ceux qu'ils sont directement chargés de constater, les officiers de police judiciaire transmettront aussi, sans délai, au commissaire du gouvernement, les dénonciations qui leur auront été faites, et le commissaire du gouvernement les remettra au juge d'instruction, avec son réquisitoire. »

« Art. 88. Tout dépositaire de la force publique, et même toute personne, sera tenu de saisir le prévenu surpris en flagrant délit, ou poursuivi, soit par la clameur publique, soit dans les cas assimilés au flagrant délit, et de le conduire devant le juge de paix, devant le commissaire du gouvernement ou le juge d'instruction, sans qu'il soit besoin de mandat d'amener. »

Nous ferons remarquer ici que les chefs de section rurale, les chefs de district ou sous-chefs de section et les gardes champêtres sont subordonnés :

Pour tout ce qui concerne leurs attributions administratives, à l'autorité des commandants de commune ou de place, des commandants d'arrondissement et des commandants de département.

Et pour tout ce qui concerne leurs attributions comme agents auxiliaires de la police judiciaire, à l'autorité des juges de paix, des commissaires du gouvernement et des juges d'instruction.

L'observation de ces règles évitera, dans bien des cas, des conflits d'autorité.

§ 4. — *Dispositions générales relatives aux chefs de section et de district et aux gardes champêtres.*

ART. 97.

L'uniforme et l'armement des chefs de section, des chefs de district et des gardes champêtres, ainsi que leurs traitements annuels, sont déterminés par un arrêté du Président d'Haïti.

L'arrêté prescrit par cet article a été rendu le 10 mars 1865; nous en donnons le texte à la suite du Code rural.

ART. 98.

Les chefs de section et les chefs de district jouiront des immunités attachées à leurs grades, mais seulement par assimilation et pendant la durée de leurs fonctions, s'ils ne sont pourvus que de commissions provisoires.

Art. 99.

Ils ne reçoivent, ainsi que les gardes champêtres, ni solde ni ration, mais un traitement annuel, qui leur est payé, par douzième, à la fin de chaque mois.

Art. 100.

Néanmoins, les officiers de police rurale et les gardes champêtres sont soumis à la discipline militaire et aux lois et règlements concernant l'armée.

Art. 101.

Tout officier de police rurale qui, sans empêchement légitime, se dispenserait de faire les tournées et visites prescrites par la présente loi ou de remplir les fonctions et devoirs qui lui sont attribués ou imposés, ou qui manquera à son service d'une manière quelconque, sera passible d'une amende pour la première fois, et en cas de récidive il pourra être suspendu ou destitué de ses fonctions. Dans le premier cas, l'amende sera prononcée et fixée, comme peine disciplinaire, par le commandant de la commune ; dans le cas de récidive, la peine sera provoquée sur la dénonciation du commandant de la commune par le commandant de l'arrondissement qui sera tenu d'en rendre compte au Secrétaire d'État de l'intérieur.

Art. 102.

Les gardes champêtres sont soumis aux mêmes peines que les militaires des troupes de ligne.

Les chefs de section, les chefs de district ou sous-chefs de section étant revêtus d'un grade militaire et jouissant des immunités attachées à leur grade, ils devaient, par voie de conséquence, être soumis à la discipline et aux lois et règlements concernant l'armée.

Au lieu de la solde et de la ration, ils reçoivent, ainsi que les gardes champêtres, un traitement annuel qui leur est payé par douzième. C'est justice, puisque leurs fonctions sont sans interruption.

L'article 101 établit une pénalité contre tout officier de police rurale qui, sans empêchement légitime, se dispenserait de faire les tournées et les visites obligatoires.

Ces tournées et ces visites sont d'une trop grande importance pour que le législateur n'en sanctionnât pas l'inobservance volontaire par l'application d'une peine.

Cette sanction est rationnelle et juste. Si elle n'a pas été portée contre les commandants supérieurs, c'est que le législateur a pensé que, mieux pénétrés du sentiment de leurs devoirs, ils comprendraient d'eux-mêmes la nécessité de les remplir. D'ailleurs, en cas de négligence coupable dans cette sphère, le Chef de l'État, dont la sollicitude est constamment éveillée et qui, à cet égard, est armé d'un pouvoir discrétionnaire, ne manquerait pas d'en faire usage dans l'intérêt des populations.

Les gardes champêtres étant placés sous les ordres immédiats des chefs de section et des chefs de district, ces chefs ont le droit de leur appliquer les peines indiquées par l'article 102. Celles prononcées par l'article 101 n'étant applicables qu'aux *officiers* de police rurale, nous estimons que le garde champêtre n'est pas passible d'amende, ni de suspension, ni de destitution, pas plus qu'un simple soldat.

§ 5. — *Des Conseils d'Agriculture.*

Art. 103.

Dans chaque commune il y aura un conseil d'agriculture, composé de citoyens chois s parmi les plus notables propriétaires ou fermiers principaux, à raison d'un citoyen par chaque section rurale. Ce choix sera fait, chaque année, au 1ᵉʳ mai, par le commandant de la commune, le juge de paix et le conseil communal, conjointement, et à la majorité des voix. Avant d'entrer en fonctions, ces citoyens prêteront, devant le juge de paix de la commune, le serment de bien remplir leurs fonctions.

Les conseils d'agriculture ne sont pas une institution nouvelle; ils existaient déjà sous l'empire de l'ancien Code rural de 1826. Ces conseils, dont les attributions sont de simple surveillance, peuvent néanmoins contribuer puissamment au développement et au progrès de l'agriculture, s'ils ont la volonté de remplir leurs modestes fonctions avec zèle et patriotisme, c'est-à-dire, d'être fidèles à leur serment. La loi ayant désigné le juge dc paix pour recevoir le serment, nous pensons que c'est à lui de convoquer, soit chez lui, soit au tribunal de paix, le commandant de la commune et les membres du conseil communal, pour présider à l'élection prescrite par l'article 103.

Art. 104.

Les membres des conseils d'agriculture n'exercent leurs fonctions que pendant une année; mais ils peuvent être réélus chaque année.

Sous le régime républicain, toute fonction gratuite, même honorifique, étant toujours considérée comme une charge, la durée doit être abrégée, afin qu'elle soit supportée par tous ceux qui en sont dignes, à tour de rôle.

Art. 105.

Les attributions des conseils d'agriculture sont :

1° De veiller à ce que les dispositions des lois et règlements concernant l'agriculture et la police des campagnes soient fidèlement observées et exécutées; 2° de signaler au conseil communal, au commandant de la commune, au commandant de l'arrondissement et au Secrétaire d'État de l'intérieur et de l'Agriculture, avec lesquels seuls ils doivent correspondre et avoir des rapports, les expériences nouvelles de culture, les améliorations et les encouragements à réaliser, ainsi que toutes les causes de dépérissement, les abus, les négligences et les contraventions au Code rural qui pourront avoir lieu dans leurs sections.

Comme nous l'avons déjà remarqué, ces attributions ne confèrent aucune fonction active aux conseils d'agriculture; ce sont des corps délibérants, placés à côté des agents actifs, pour surveiller l'exécution des lois, indiquer les améliorations, signaler les abus, etc., etc., enfin formuler des vœux.

Art. 106.

Les membres des conseils d'agriculture font des rapports, adressent leurs observations ou expriment leurs vœux, soit individuellement, soit collectivement, au conseil communal ou au commandant de la commune ; et ceux-ci les transmettent au commandant de l'arrondissement qui les fait parvenir au Secrétaire d'État de l'intérieur et de l'Agriculture.

Chaque membre d'un conseil d'agriculture peut exercer, seul, les attributions du conseil, mais, bien entendu, sous sa responsabilité personnelle ; et il n'engage nullement le conseil qui a toujours le droit d'adhérer à l'avis exprimé isolément ou de le désapprouver.

ART. 107.

Les fonctions de membre du conseil d'agriculture sont honorifiques et dispensent, hors le cas de danger imminent, du service de la garde nationale.

Les membres des conseils d'agriculture porteront, attachée à la boutonnière gauche de l'habit, par un ruban aux couleurs nationales, une médaille en argent, sur l'un des côtés de laquelle sera gravée l'effigie du Président d'Haïti avec ces mots : GEFFRARD, PRÉSIDENT ; et sur l'autre côté UNE CORNE D'ABONDANCE avec ces mots en exergue : CONSEIL D'AGRICULTURE.

Cette médaille sera délivrée par le Conseil communal.

Il n'est pas douteux que la dispense du service de la garde nationale cesse du moment que cesse la fonction de membre du conseil d'agriculture.

Dans les cérémonies publiques, le conseil d'agriculture marche en avant du conseil communal.

Le nombre des membres de chaque conseil d'agriculture varie selon le nombre des sections de chaque commune, puisque chaque section fournit un membre au conseil d'agriculture de la commune.

Nous aimons à le répéter encore une fois, les fonctions de ces membres sont honorifiques ; mais elles deviendraient importantes et peut-être même enviées, si les membres s'en rendaient bien compte et apportaient, dans leur exercice, un zèle désintéressé et une activité patriotique ; ils ne tarderaient pas alors à acquérir sur les populations une légitime et honorable influence.

Il ne faut pourtant pas se le dissimuler, il n'y aura vraiment d'émulation pour convoiter ces charges, et elles ne rendront des services réels que lorsque la grande culture sortira de son état actuel de dépérissement.

CHAPITRE VII.

Du maintien de l'ordre dans les campagnes et de la répression du vagabondage.

Art. 108.

Tout cultivateur qui aura entrepris un travail ou s'y sera assujetti par une convention réciproque, dès qu'il l'aura commencé, devra le terminer, sous peine d'être passible d'une amende et, s'il y a lieu, de dommages-intérêts.

Ce chapitre est l'un des plus importants de ce code. Tous les articles dont il se compose méritent une mention spéciale, soit pour en appliquer le texte, soit pour en recommander une sévère application.

Nous estimons que de l'exécution rigoureuse et juste de l'ensemble de ces dispositions, presque toutes préventives ou pénales, dépendent en grande partie les progrès de l'agriculture.

Sans ordre et sans travail, tout progrès, en agriculture comme en toutes choses, est impossible.

L'ordre est le résultat de l'observance religieuse des lois.

Le travail ne s'impose pas à l'homme, mais il devient pour lui une nécessité du jour où ces deux mauvaises passions, — la paresse et le vol, — sont réprimées.

Donc, pour que l'homme se livre au travail, pour que l'agriculture progresse, il faut observer les lois; il faut réprimer la paresse et le vol.

Une convention réciproque est une loi que les parties se sont librement promis d'exécuter respectivement. Le cultivateur qui entreprend un travail et qui se refuse à le terminer, viole la loi qu'il a faite lui-même; il est juste de le condamner à une amende pour cette violation, tout en l'obligeant à la réparation du tort qu'il a causé : tel est le principe consacré par l'article 108; ce principe, d'ailleurs, sauf l'amende, est de droit commun; il est rappelé plusieurs fois dans notre Code civil.

Art. 109.

Toute désobéissance ou insulte envers le propriétaire, fermier principal, gérant, conducteur de travaux ou chef de société de moitié, sera considérée comme un trouble à l'ordre public et punie d'une amende et même de la prison, selon la gravité du cas.

Cet article est tout à la fois préventif et répressif ; une désobéissance ou une insulte à l'une des personnes désignées dans cet article, lesquelles ne sont revêtues d'aucun caractère public, n'est pas, en réalité et en droit commun, un trouble à l'ordre public ; mais c'est un fait qui, en raison du milieu dans lequel il est commis, pourrait devenir instantanément un désordre public ; la loi considère ce simple fait, en quelque sorte, comme un commencement de trouble à l'ordre public, et elle le punit afin d'éviter par cette répression préventive d'avoir à punir plus rigoureusement le trouble lui-même, qui, s'il se produisait, aurait des conséquences graves.

Nous ne pouvons nous empêcher de reconnaître ici, à propos de ces dispositions de l'article 109 et de celles qui sont consignées dans les articles suivants, que, dans l'ensemble des prescriptions de ce code, la préoccupation principale des législateurs semble avoir été de protéger avant tout, même au détriment de certains principes de liberté individuelle, l'agriculture, le travail agricole et l'ordre.... Devons-nous blâmer nos législateurs de s'être laissé dominer par cette préoccupation ? évidemment non. Dans un pays comme le nôtre, où la fortune publique repose sur les produits du sol, protéger l'agriculture, c'est protéger la fortune de tous.

Art. 110.

Les jours ouvrables sont, les jours de fête exceptés, le lundi, le mardi, le mercredi, le jeudi et le vendredi de chaque semaine. Les heures du travail sont : le matin de six à onze heures, et l'après-midi de deux à six heures.

Cette réglementation des jours et des heures de travail est déjà consacrée par l'usage ; elle n'est applicable, bien entendu, que pour les travaux entrepris à la journée et seulement à défaut de convention contraire arrêtée entre les parties. Mais aujourd'hui les tribunaux ne pourraient s'abstenir de la prendre pour base de leurs décisions, dans les contestations sur lesquelles ils auraient à se prononcer.

Art. 111.

Aucun travailleur, à l'entreprise ou à la journée, ne peut abandonner son travail pour se livrer à des festins les jours ouvrables. Aucune danse ni festin ne peut se prolonger la nuit au delà de minuit; tout délinquant aux présentes dispositions sera puni de l'emprisonnement.

Les danses et les festins, surtout quand ils sont excessifs et se prolongent dans la nuit, sont les plus grands ennemis du travail ; le cultivateur y dépense en un jour le fruit du travail d'une semaine, il y énerve ses forces et altère sa santé; ce sont en outre, très souvent, des occasions de rixes et de désordres. Ce sont ces considérations qui ont dicté les sages dispositions de cet article, qui n'ont pour but que de réprimer les excès sans nuire aux plaisirs modérés.

Le travailleur peut toujours éviter de se mettre en contravention, en se munissant d'un permis de l'un des supérieurs indiqués dans l'article 109. L'article 111 ne le dit pas, mais il nous semble que cet article n'a pour but que de réprimer les excès et maintenir la discipline.

Art. 112.

Nul cultivateur, fixé sur une propriété rurale, ne pourra s'absenter du district plus de 24 heures, sans un permis du chef de district.

La prescription de cet article n'est pas moins sage que celle de l'art. 111 ; il faut y voir une mesure d'ordre et non une restriction de la liberté individuelle ; dans l'état actuel de notre société, il est nécessaire que l'autorité ne perde pas de vue ses administrés; plus tard, quand la police sera bien organisée sur tous les points du territoire et que les moyens de communication seront plus faciles, les mesures de cette nature disparaîtront sans doute de la législation.

Nous devons faire observer ici que dans les exemplaires imprimés du Code rural, publiés jusqu'à ce jour, la disposition ci-dessus ne forme qu'un seul article avec la disposition de l'article 111 : c'est évidemment une erreur typographique, car dans ces mêmes exemplaires il n'existe pas d'article 112. Nous n'avons pas cru devoir reproduire cette erreur, nous avons rétabli l'ordre numérique des articles.

Art. 113.

Tout individu qui sera trouvé, excepté les jours de mar-

ché, dans une section rurale et qui ne pourra pas justifier
qu'il y est domicilié ou employé à un travail par un des propriétaires de la section, ou qu'il est porteur d'un permis ou
d'un écrit prouvant son identité, sera réputé vagabond ; il
sera mis en état d'arrestation par les officiers de la police
rurale ou les gardes champêtres de la localité et immédiatement conduit devant le juge de paix de la commune.

Art. 114.

Le juge de paix, après avoir interrogé et entendu l'individu arrêté, prononcera ce que de droit; si l'arrestation est
maintenue, l'individu sera de suite conduit et déposé dans
une des maisons d'arrêt de l'arrondissement pour être jugé
conformément à la loi.

L'exécution rigoureuse de ces deux articles est expressément
recommandée aux officiers de la police rurale et aux juges de
paix. La répression sévère du vagabondage, non seulement
assurera l'ordre dans les campagnes, mais elle produira infail-
liblement dans peu de temps une augmentation du travail.

Tout individu étranger à une section rurale qui y sera trouvé,
excepté les jours de marché, doit justifier de son identité et de
sa présence dans la section, de l'une des manières indiquées
par l'art. 113, sinon il sera mis en état d'arrestation et conduit
devant le juge de paix.

Ce magistrat prononcera ce que de droit; c'est-à-dire que, si
les justifications exigées par la loi ne sont pas faites devant lui,
il devra maintenir l'arrestation, et il sera procédé comme il est
dit en l'art. 114.

Quelle que soit la décision, le juge de paix doit la constater
sur un registre à ce destiné.

Bien entendu que si l'identité de l'individu est constatée et que
le juge de paix acquiert la conviction qu'il n'est pas un vagabond, il devra le relaxer immédiatement.

L'article 403 du Code pénal déclare vagabonds ou gens sans
aveu — « ceux qui n'ont ni domicile certain, ni moyens de
subsistance, et qui n'exercent habituellement ni métier, ni profession. »

Et l'article 97 du Code d'instruction criminelle défend de
mettre les vagabonds et les repris de justice en liberté provisoire.

Art. 115.

Tout individu, condamné comme vagabond, après avoir

subi sa peine, restera néanmoins sous la surveillance de la police, aussi longtemps qu'il ne justifiera d'aucun moyen d'existence.

Cette disposition était nécessaire pour la sécurité publique. Il aurait été dangereux de rejeter dans la société, sans le soumettre à la surveillance de l'autorité, un individu reconnu pour n'avoir ni domicile, ni moyen d'existence. Il était juste qu'il ne recouvrât la liberté entière qu'à la condition que cette liberté ne pût pas devenir nuisible.

ART. 116.

Les condamnés comme vagabonds qui seront soumis, après l'expiration de leur peine, à la surveillance de la police, pourront être employés aux travaux de la commune, moyennant salaire et jusqu'à ce qu'ils s'utilisent par eux-mêmes.

Les vagabonds condamnés comme tels et qui, à l'expiration de leur peine, sont employés aux travaux de la commune en vertu de l'article 116 ci-dessus, ne doivent pas être confondus avec les criminels condamnés aux travaux forcés.

Les travaux forcés sont une peine afflictive et infamante infligée au criminel, tandis que les travaux communaux imposés, moyennant salaire, au vagabond libéré, sont un moyen de moralisation et, en même temps, un moyen d'existence qui n'a rien d'afflictif ni d'infamant. C'est un travail forcé, il est vrai, mais dont l'individu peut s'affranchir de lui-même en donnant à la société les garanties que tout citoyen est obligé de lui offrir.

ART. 117.

Il sera procédé de la manière indiquée ci-dessus, et les mêmes peines seront appliquées, contre toute personne réputée mendiante et trouvée dans une section rurale.

Le Code des délits et peines de 1826 avait prévu le délit de mendicité et l'avait puni des mêmes peines que le délit de vagabondage; mais le Code pénal de 1835 avait fait disparaître de notre législation répressive ce genre de délit : l'article 117 ci-dessus rétablit l'assimilation des deux genres de délit, et punit la mendicité comme le vagabondage.

Art. 118.

Les officiers de police rurale devront veiller à ce que
dans l'étendue des localités placées sous leur direction, personne ne demeure dans l'oisiveté : à cet effet, ils sont autorisés à se faire rendre compte par les individus qu'ils trouveront oisifs du genre de leurs occupations et de leurs
moyens de subsistance ; et si ces individus ne peuvent faire
ces justifications, ils seront considérés comme gens sans
aveu, et arrêtés comme vagabonds.

Dans chaque section, tout habitant doit être toujours prêt à
justifier au chef de section du genre de ses occupations et de ses
moyens d'existence.

Le chef de section a le droit de s'en faire rendre compte ; si
donc il souffre que dans sa section se réfugient des gens qui ne
peuvent pas lui faire ces justifications, il encourt une grave responsabilité. Il doit mettre ces gens en état d'arrestation et les
faire conduire de suite devant le juge de paix de la commune.

Art. 119.

Si la personne arrêtée comme vagabond, mendiant ou
sans aveu est un enfant au-dessous de quinze ans, le juge
de paix le remettra à ses père et mère ou à ses parents les
plus proches ; au-dessus de quinze ans, il sera procédé
contre lui comme s'il était majeur.

L'article 119 prévoit le cas où l'individu arrêté comme vagabond, mendiant ou sans aveu, serait un enfant.

Au-dessous de quinze ans, le juge de paix le remettra à ses
père et mère ou à ses parents les plus proches : ceux-ci sont
obligés de le reprendre ; car l'article 119, en prescrivant de
remettre l'enfant à ses parents, les obligent implicitement à le
recevoir. Rien de plus juste si l'enfant est légitime et a son
père et sa mère ; mais s'il est naturel, s'il n'est pas reconnu,
entre quelles mains le juge de paix devra-t-il le remettre ? — Au-
dessus de quinze ans, la loi considère l'individu comme s'il
était majeur. Les dispositions de cet article, emprunté à l'ancien Code rural, laissent beaucoup à désirer.

Aussi, faisons-nous des vœux pour que les ressources du pays
permettent bientôt de créer des maisons de détention pour les
adultes. Le système de détention, avec le travail dans l'intérieur
des maisons ou des établissements, produirait certainement des

résultats plus avantageux, et pour l'enfant et pour la société, que la surveillance négligente des parents ou la répression appliquée aux individus majeurs.

La maison centrale du Port-au-Prince aurait pu être affectée spécialement à ce service, moyennant quelques agrandissements et une réorganisation.

Avant de passer à l'examen des deux derniers articles de ce chapitre, qui se rattachent à un autre ordre d'idées que celui qui a inspiré la série des articles 108 à 119, qu'il nous soit permis de nous arrêter un moment sur l'ensemble de ces premiers articles, d'en indiquer le but, et d'insister encore sur l'importance d'une exécution rigoureuse.

De l'exécution rigoureuse de ces articles 108 à 119 dépendent la sécurité des personnes, da prospérités propriétés et le développement de notre agriculture. Ce triple but ne peut être atteint que par le maintien de l'ordre et par le travail.

Toute obligation de faire ou de ne pas faire, d'après la loi civile (art. 933 du Code civil) se résout en dommages-intérêts, en cas d'inexécution de la part du débiteur : c'est qu'en effet il est difficile, pour ne pas dire presque impossible, de contraindre un homme à faire ce qu'il ne veut pas faire, ou à ne pas faire ce qu'il veut faire. Dans l'un et l'autre cas, il faut avoir recours à la voie pénale.

L'homme est né, dit-on, pour travailler; c'est peut-être vrai ; mais combien il est difficile de le contraindre à accomplir cette vocation naturelle, surtout dans une société qui a garanti à chaque individu sa liberté; surtout dans un pays qui, par la seule fécondité de son sol, offre tant de ressources naturelles à ses habitants, et dont le climat presque invariable invite par sa douce chaleur au *farniente*, disons mieux, — à la paresse; — dans un pays où le travail forcé serait considéré comme un retour à l'esclavage....

Il fallait donc demander à d'autres moyens que la contrainte individuelle, ce labeur, source de tout progrès et de toute prospérité.

Ces moyens, ce sont ceux consacrés dans ces articles dont nous demandons l'exécution rigoureuse avec tant d'insistance; ces moyens, les voici résumés en quelques lignes :

Exécution loyale de toute convention de travail, librement consentie, exécution garantie par une sanction pénale ;

L'ordre et la discipline, strictement respectés ;

Les excès de plaisir — considérés comme une cause de démoralisation — défendus;

La répression du vol ;

La répression du vagabondage;

La répression de la mendicité ;

La répression de l'oisiveté ;

La justification d'un domicile réel ;

Celle d'un métier ou d'une profession habituelle;

Celle de certains moyens d'existence.

Que les officiers de police rurale, que toutes les autorités, qui sont appelés par la loi à exécuter ces prescriptions ou à en surveiller l'exécution, y tiennent la main; le but sera atteint; chacun sera obligé de travailler.

D'abord imposé, le travail deviendra spontané; c'est surtout en travaillant que l'on acquiert l'amour du travail.

Ajoutons que le travail porte sa récompense en lui-même : il honore et il enrichit celui qui s'y livre.

ART. 120.

Aucune inhumation ne sera faite à la campagne sans une autorisation, sur papier libre, de l'officier de police rurale, qui ne donnera cette autorisation que sur le vu du certificat de l'officier de l'état civil, constatant que la déclaration de décès a été faite conformément au Code civil.

Toute infraction à la présente disposition sera punie conformément à l'article 304 du Code pénal.

Et si l'infraction est commise par l'officier de police rurale, il sera passible d'une amende de cinquante gourdes.

On procède assez fréquemment aux inhumations, dans les campagnes, sans observer aucune formalité, au mépris des prescriptions de l'article 76 du Code civil et de l'article 304 du Code pénal. L'article 120 du présent Code a pour but d'assurer l'exécution des prescriptions légales antérieures. Il défend de faire aucune inhumation à la campagne, sans une autorisation de l'officier de la police rurale, et rend cet officier passible d'une amende si l'infraction est de son fait.

Les commandants de commune devront tenir la main à l'exécution de la loi à ce sujet.

Les autorisations exigées par la loi ne sont pas seulement une mesure d'ordre, mais elles ont pour objet aussi de prévenir les inhumations clandestines qui sont presque toujours pratiquées pour dérober à la justice les traces d'un crime.

Enfin, à un autre point de vue, on peut dire que tant que les lois sur les déclarations de décès ne seront pas observées, il sera impossible d'établir la statistique de la population.

L'article 76 du Code civil est ainsi conçu : — « Aucune inhumation ne sera faite, sans une autorisation, sur papier libre, de l'officier de l'état civil, et que vingt-quatre heures après le décès, hors les cas prévus par les règlements de police. »

Et l'article 304 du Code pénal porte que : « Ceux qui, sans l'autorisation préalable de l'officier public, dans le cas où elle est prescrite, auront fait inhumer un individu décédé, seront punis de six jours à deux mois d'emprisonnement, sans préjudice de la poursuite des crimes dont les auteurs de ce délit pourraient être prévenus dans cette circonstance.

« La même peine aura lieu contre ceux qui auront contrevenu, de quelque manière que ce soit, à la loi et aux règlements relatifs aux inhumations précipitées. »

Art. 121.

A l'avenir aucune inhumation ne pourra être faite que dans les lieux de sépulture désignés à cet effet par l'autorité.

Néanmoins, le conseil communal pourra permettre, dans des cas graves, d'inhumer sur une propriété particulière, en se conformant aux règles qui seront prescrites pour ces cas particuliers.

La défense faite par l'article 121 a été dictée par l'abus qui a été fait dans les campagnes de faire les inhumations dans toutes espèces de lieux.

C'est au clergé à prêter son concours aux agents de la police rurale pour faire comprendre aux habitants des campagnes que c'est exposer les restes de leurs parents à des profanations que de les enterrer dans les lieux qui ne sont pas placés sous la protection de la religion et de l'autorité.

Nous sommes certains que les conseils communaux n'useront qu'avec une extrême réserve de la faculté qui leur a été réservée par le 2e § de l'article 121, et qu'ils n'oublieront pas d'exprimer dans les permis les circonstances graves qui les auront décidés à les délivrer.

Il devront aussi prescrire de pratiquer les fosses plus profondes afin d'éviter les émanations putrides.

CHAPITRE VIII

Des peines et condamnations.

Art. 122

Toutes les contraventions à chacune des dispositions de la présente loi seront punies d'une amende.

La confiscation de certains objets saisis et l'emprisonnement seront, en outre, prononcés contre les délinquants

mais seulement dans les cas expressément prévus par ladite
loi ou le Code pénal.

ART. 123.

Les amendes pourront être prononcées depuis vingt gourdes
jusqu'à trois cents gourdes, selon la gravité des cas de l'appréciation qui en sera faite par le juge, et sans préjudice,
bien entendu, de tous dommages-intérêts, restitutions, indemnités et peines, s'il y a lieu.

ART. 124.

Les amendes et le produit de toutes condamnations pécuniaires seront versés dans la caisse des préposés d'administration de chaque commune, lesquels seront tenus d'en poursuivre le recouvrement et d'en tenir un compte particulier.

Avis de chaque condamnation devra être donné au préposé
d'administration par l'officier de police rurale ou le juge de
paix qui aura prononcé la condamnation. Tous les mois,
chaque préposé d'administration transmettra à l'administration des finances de l'arrondissement un état détaillé des
amendes prononcées, avec indication de celles perçues et de
celles à recouvrer.

ART. 125.

La moitié de chaque amende appartiendra à l'Etat, et
l'autre moitié à l'officier de police rurale, qui aura dénoncé
la contravention.

ART. 126.

Toute condamnation à l'amende emporte de plein droit la
contrainte par corps pour le payement, conformément à l'article 386 du Code pénal et sauf la modification contenue
audit article.

Art. 127.

Toutes les condamnations encourues pour contraventions aux dispositions et prescriptions de la présente loi, autres que les condamnations disciplinaires, seront prononcées par les juges de paix, dans la limite ordinaire de leur compétence.

Les condamnations disciplinaires seront prononcées par les officiers de police rurale, d'après l'ordre hiérarchique.

Les articles 122 et suivants, jusqu'à l'article 127, qui composent ce chapitre, comprennent :
1° La sanction de toutes les dispositions du présent code ;
2° Les juridictions qui devront connaître des contraventions et appliquer la sanction ;
3° Et le mode de recouvrement des amendes.
Ainsi :
Toute contravention à n'importe quelle disposition du présent Code est punie d'une amende de vingt gourdes à trois cents gourdes : telle est la sanction générale.
Toutes les fois que le législateur a voulu qu'il fût appliqué une peine plus forte, comme par exemple : une amende de trois cents gourdes, l'emprisonnement, la confiscation, la saisie, il a eu soin de l'exprimer d'une manière expresse et spéciale.
Les condamnations sont judiciaires ou disciplinaires : les premières sont de la juridiction des juges de paix en tant qu'elles n'excèdent pas leur compétence ; les deuxièmes sont dévolues aux commandants d'arrondissement, aux commandants des communes et aux officiers de la police rurale, selon l'ordre hiérarchique de leurs grades et de leur autorité.
Le recouvrement des amendes et des condamnations pécuniaires est confié aux préposés d'administration de chaque commune ; ils sont tenus de poursuivre ce recouvrement et d'en tenir un compte particulier, conformément à l'article 124.
Revenons sur chacun de ces articles séparément ; ils sont trop importants pour ne pas fixer l'attention et mériter un examen particulier.
Art. 122. — D'après cet article, toute contravention est punie d'une amende, que cette amende soit prononcée ou non dans l'article qui contient la disposition méconnue ou violée. Le fait seul de la contravention rend le contrevenant passible de l'amende. L'article 122 s'ajoute, pour ainsi dire, à chaque article, à chaque disposition du code portant une prescription ou une défense.
Mais la confiscation, la saisie, l'emprisonnement ne peuvent être appliqués que dans les cas indiqués par le Code et lorsque ces peines sont expressément prononcées.
Art. 123. — Cet article confère au juge, appréciateur du fait,

le droit d'en déterminer la gravité et de proportionner la peine à cette gravité. Ce droit n'est pas absolu ; le législateur a voulu que la peine, c'est-à-dire l'amende, ne soit pas inférieure à vingt gourdes, ni supérieure à trois cents gourdes, sans préjudice de tous dommages-intérêts, restitutions, indemnités ou autres peines, s'il y lieu ; entre ces deux limites, le juge prononce.

Art. 124. — Après avoir indiqué la quotité des amendes (art. 123), le juge qui les prononce (art. 127), il était indispensable d'indiquer qui serait chargé d'en poursuivre le recouvrement, et l'emploi qui en serait fait. L'article 124 contient ces indications en des termes clairs et précis, et qui n'ont pas besoin d'être commentés.

Cet article fait un devoir à l'officier de police rurale et au juge de paix d'avertir le proposé des finances de chaque condamnation prononcée ; c'est afin que celui-ci en poursuive le recouvrement sans retard, sous sa responsabilité.

Art. 125. — La moitié de chaque amende est attribuée à l'officier de police rurale qui aura dénoncé la contravention. Il est à craindre que cette attribution rémunératoire n'excite outre mesure le zèle des agents, et ne donne lieu à des abus. C'est aux juges de paix qui, en définitive, sont appelés à apprécier les faits dénoncés, à modérer ce zèle, s'il était excessif, et à n'appliquer la peine que si la contravention existe réellement.

Peut-être aurait-il été préférable de faire verser la totalité des amendes dans la caisse publique et augmenter les appointements des agents ; mais alors au lieu d'un excès de zèle, la tiédeur et même l'inaction auraient été à craindre. L'expérience prononcera entre les deux systèmes.

Art. 126. — L'article 386 du Code pénal, dont l'article 126 du Code rural n'est que la répétition abrégée, est ainsi conçu :

« Art. 386. La contrainte par corps a lieu pour le payement de « l'amende.

« Néanmoins le condamné ne pourra être, pour cet objet, tenu « plus d'un mois, s'il justifie de son insolvabilité. »

Les juges de paix devront donc dans chaque jugement de condamnation à l'amende prononcer la contrainte par corps contre le délinquant, et en fixer la durée à un mois au plus s'il est reconnu insolvable, conformément aux articles des deux codes.

Art. 127. — Si la condamnation disciplinaire, prononcée par l'officier de police rurale consiste dans une amende, comme par exemple dans les cas prévus par l'article 101 du Code, qui poursuivra le recouvrement de l'amende? Le législateur ne l'a pas dit ; mais nous pensons que l'officier qui aura prononcé l'amende devra en donner avis au préposé d'administration qui la recouvrera et la fera figurer dans l'état mensuel prescrit par l'article 124.

CHAPITRE IX

De la fête de l'Agriculture, des récompenses et des primes d'encouragement.

ART. 128.

Au 1er mai de chaque année, jour fixé par la Constitution pour célébrer la fête de l'Agriculture, il sera distribué aux agriculteurs et cultivateurs qui se seront le plus distingués, dans le cours de l'année, par leurs travaux et leurs produits, des récompenses et des primes d'encouragement, aux frais de l'État.

Le programme de la fête, la nature, la valeur de ces primes et récompenses, les conditions pour les obtenir et le mode de distribution, seront déterminés par un règlement d'administration publique.

Rien à dire sur cet article qui ne fait que consacrer de nouveau une fête qui, à juste titre, a toujours été considérée comme une fête nationale. Aussi, le règlement d'administration publique qui doit en déterminer le programme annuel ne manquera pas sans doute de lui conserver ce caractère. Ce règlement, au moment où nous écrivons ces lignes, n'a pas encore été publié.

Dispositions transitoires.

ART. 129.

Jusqu'à ce que la division du territoire ait été faite en nouvelles sections et en districts agricoles, en conformité de l'article 77, il sera placé dans chaque section rurale actuellement existante un ou plusieurs sous-chefs de section qui, sous l'autorité et les ordres du chef de section, concourront avec lui à la surveillance de la section.

Les sous-chefs de section seront nommés par le Président d'Haïti et rempliront provisoirement les fonctions et les attributions des chefs de district gratuitement.

Tout ce que nous avons dit précédemment à l'égard des chefs de district s'applique aux sous-chefs de section.

La seule remarque à faire ici c'est que les fonctions de sous-chefs de section seront gratuites. Nous doutons qu'on trouve facilement des citoyens qui consentent à remplir ces fonctions gratuitement. Elles sont assez pénibles et entraînent une certaine responsabilité : ces deux considérations auraient dû porter le législateur à y attacher une rémunération.

Dispositions générales.

Art. 130.

La présente loi sera imprimée et publiée, elle sera exécutoire dans l'étendue de la République à partir du 1er janvier 1865.

Art. 131.

La présente loi abroge toutes les dispositions des lois antérieures qui lui sont contraires.

Art. 132.

Les Secrétaires d'État sont chargés, chacun en ce qui concerne, de l'exécution de la présente loi.

Le Code rural est devenu exécutoire dans toutes les communes de la République, à partir du 1er janvier 1865; mais l'exécution en a été retardée à cause des troubles civils survenus depuis cette date, et des difficultés d'organisation du personnel; aujourd'hui ce Code est en pratique dans toutes les communes de la République.

Il est bon de remarquer que l'article 131 n'abroge que les dispositions des lois antérieures qui lui sont contraires; par conséquent toutes dispositions antérieures qui ne sont pas incompatibles avec celles du nouveau Code doivent continuer à être observées et appliquées.

Port-au-Prince, le 10 décembre 1866.

5

NOTES

ET

ANNEXES.

NOTE PREMIERE.

Le Corps Législatif a délégué au pouvoir exécutif le soin de régler par des arrêtés d'administration publique plusieurs dispositions complémentaires du Code rural. Ces dispositions sont au nombre de cinq :

1° Mode de vérification des denrées; constatation de leur qualité, de l'emballage et de l'embarquement (art. 26 du Code);

2° La division des communes en sections rurales et en districts agricoles (art. 75);

3° Détermination du personnel, de l'uniforme et de l'armement des officiers et agents de la police rurale (art. 97);

4° Conditions à observer pour les inhumations autorisées sur des propriétés particulières (art. 121);

5° Programme de célébration de la fête de l'Agriculture, la nature et la valeur des primes et récompenses à distribuer aux agriculteurs et cultivateurs, les conditions pour les obtenir et le mode de distribution (art. 128).

De ces cinq arrêtés un seul a été promulgué, — celui qui règle le personnel des officiers et agents de la police rurale, etc., et que nous donnons ci-après :

ARRÊTÉ

SUR L'ORGANISATION DU PERSONNEL DES AGENTS DE LA POLICE RURALE, L'UNIFORME, L'ARMEMENT ET LE TRAITEMENT.

FABRE GEFFRARD

Président d'Haïti.

Vu l'article 123 de la Constitution et les articles 75, 76, 77, 78, 97, 99 et 129 du Code rural, du 27 octobre 1864;

Vu le décret du 11 juillet 1843, sur la division du territoire de la République ;

Sur le rapport du Secrétaire d'État de l'Intérieur et de l'Agriculture ;

De l'avis du conseil des Secrétaires d'Etat,

ARRÊTE :

TITRE PREMIER.

De l'organisation du personnel des agents de la police rurale par section, de l'uniforme, de l'armement et du traitement.

§ 1. — *Organisation.*

ARTICLE PREMIER.

Les communes de la République désignées au tableau annexé au présent arrêté sont et demeurent divisées en quatre cent ving-sept sections rurales, conformément audit tableau, sous les numéros d'ordre et les désignations nominatives qui y sont exprimées ; lesquelles sections déjà extraites d'après un relevé qui en a été fait en 1862, conserveront leur étendue et leurs limites actuelles.

ART. 2.

Dans chacune des sections rurales indiquées au tableau ci-annexé, il sera placé, conformément à l'article 78 du Code rural, un officier de police rurale qui, sous le titre de chef de section et sous l'autorité immédiate du commandant de la commune, sera chargé de la surveillance de la section et y exercera les attributions déterminées dans l'article 81 dudit Code.

Ces chefs de section seront nommés par le Président d'Haïti sur la présentation du Secrétaire d'État de l'Intérieur et sur la proposition du commandant de l'arrondissement.

Art. 3.

Dans chaque section rurale, il y aura au moins deux sous-chefs de section, selon l'étendue et l'importance de la section, lesquels seront nommés comme les chefs de section et exerceront, sous l'autorité de ces derniers, les fonctions attribuées aux chefs de district qu'ils remplaceront provisoirement.

Art. 4.

En conséquence de la division territoriale adoptée ci-dessus, et de l'application des dispositions des articles 78 et 129 du Code rural, le nombre des chefs de section est provisoirement fixé à 427, et celui des sous-chefs de section à 854.

§ 2. — *Uniforme et armement.*

Art. 5.

L'uniforme des chefs de section et des sous-chefs de section sont : habit frac de drap vert boutonné droit avec collet et parement rouges, passe-poils rouges, boutons blancs à moitié bombés avec les armes de la République en relief et en exergue; « Police rurale », pantalon de drap vert avec passe-poil rouge ou pantalon de coutil blanc; chapeau retapé; épaulettes et franges en argent, souliers, guêtres de toile blanche.

Pour armement, un couteau-poignard, manche en corne noir avec un ceinturon.

Ils portent les insignes de leurs grades.

§ 3. — *Traitement.*

Art. 6.

Le traitement de chaque chef de section, quel que soit son grade, sera de quatre-vingts gourdes par mois; il lui sera payé à la fin de chaque mois.

Les fonctions de sous-chef sont gratuites, conformément à l'article 129 du Code rural.

En outre de son traitement, il sera alloué à chaque chef de section pour frais de bureaux de la section une somme de vingt gourdes par mois qui lui sera payée avec son traitement.

TITRE II.

Organisation des gardes champêtres, uniforme, armement et traitement.

§ 1. — *Organisation.*

Art. 7

Chaque chef de section aura sous ses ordres, à poste fixe, quatre gardes champêtres dont un sera un maréchal des logis, lequel sera en même temps secrétaire du chef de section.

En conséquence, d'après la division des sections adoptée ci-dessus, les gardes champêtres formeront un effectif de 427 maréchaux des logis et 1281 gardes champêtres ;

Lesquels seront répartis dans les diverses sections de la République, à raison de un maréchal des logis et trois gardes champêtres par section.

Le nombre des gardes champêtres pourra être porté à quatre ou cinq dans les sections dont l'étendue exigera cette augmentation, et comme la faculté en a été réservée en l'article 95 du Code rural.

Art. 8.

Les gardes champêtres d'une section n'ont aucun rapport avec ceux d'une autre section, quoique soumis à la discipline militaire et aux lois et aux règlements de l'armée, ils ne font partie d'aucun corps de l'armée. Les gardes champêtres d'une commune ou d'un arrondissement ne peuvent être réunis en

un seul corps, dans aucun cas et sous aucun prétexte, qu'en
vertu d'un ordre exprès et par écrit du Président d'Haïti,
qui désigne un officier supérieur pour en prendre le commandement.

§ 2. — *Uniforme, armement.*

Art. 9.

L'uniforme des gardes champêtres sera :

Habit veste en drap vert avec collet et parements rouges,
passe-poils rouges, boutons à moitié bombés, aux armes de la
République, avec la légende : « GARDES CHAMPÊTRES », panta-
lons en drap vert avec passe-poils rouges, ou en coutil blanc,
shakos en cuir noir avec plaque argentée aux armes de la
République, avec l'exergue : « POLICE RURALE », souliers,
guêtres blanches.

L'armement sera un sabre-briquet avec une bandoulière
rouge, sur laquelle sera écrit en lettres bleues : ORDRE PUBLIC,
qui sera portée sur l'épaule de droite à gauche.

Les maréchaux des logis porteront les insignes de leurs
grades en galons d'argent.

§ 3. — *Traitement.*

Art. 10.

Les maréchaux des logis recevront, à la fin de chaque mois,
un traitement de quarante gourdes.

Chaque garde champêtre recevra aussi à la fin de chaque
mois un traitement de trente gourdes.

Au moyen de ces traitements, il ne leur sera payé ni solde
ni ration.

Dispositions générales

ART. 11.

L'Etat fournira aux chefs de section, aux sous-chefs de section, aux maréchaux des logis et aux gardes champêtres, eurs uniforme, équipement et armement.

ART. 12.

L'armement des maréchaux des logis et des gardes champêtres, dans chaque section, sera déposé chez le chef de section qui en sera responsable et n'en fera la délivrance à chaque homme que pour le service.

ART. 13.

Le présent arrêté sera imprimé et publié, et l'exécution en est confiée au Secrétaire d'Etat de l'Intérieur et de l'Agriculture.

Donné au Palais national, au Port-au-Prince, le 10 avril 1865, an 62ᵉ de l'Indépendance.

GEFFRARD.

Par le Président :

Le Secrétaire d'État de l'Intérieur et de l'Agriculture,

A. CARRIÉ.

NOTE DEUXIEME.

Dans notre commentaire sous l'article 114 du Code rural, nous avons rappelé les dispositions de l'article 403 du Code pénal. Il est de fait que lors du vote dans les deux Chambres législatives de cet article 114, l'article 403 était encore en vigueur. Mais peu de jours après le vote, et par suite de la remarque qui fut faite alors de l'abrogation dans le Code pénal de 1835 du délit de mendicité, le Gouvernement présenta un projet de loi portant des modifications au Code d'instruction criminelle et en même temps des modifications aux articles 403 et 404 du Code pénal.

Ces dernières modifications, destinées à donner plus de force et de sanction aux articles 113, 114 et suivants du Code rural, furent favorablement accueillis par les Chambres, et le projet a été converti en une loi qui a été promulguée le 27 octobre 1864.

Cette loi est divisée en deux chapitres; le premier a pour titre : « *De la modification du Code d'instruction criminelle;* » — le second est intitulé : *Des modifications du Code pénal.* »

Le premier chapitre n'a aucun rapport au Code rural. Dans la reproduction de la loi du 27 octobre 1864 que nous offrons ci-après nous en avons fait la suppression avec les considérants qui s'y rattachent.

LOI DU 27 OCTOBRE 1864,

PORTANT MODIFICATION DU CODE PÉNAL.

FABRE GEFFRARD

Président d'Haïti.

. . . .

Vu les dispositions du Code pénal du 11 août 1835 remis en vigueur par la loi du 11 septembre 1845, en ce qui concerne les matières ci-après énoncées ;

Considérant que les mendiants valides, par leurs habitudes dépravées, leur amour de l'oisiveté, menacent sans cesse l'ordre public d'un péril qu'il appartient à la loi criminelle de prévoir et réprimer dans ses effets ;

Considérant, d'un autre côté, que les vagabonds et les gens sans aveu, par leur vie errante, aventureuse et oisive, ne sont attachés par aucun lien à la société, par aucun intérêt à la patrie ; et qu'il semble qu'ils soient toujours prêts à s'en déclarer les ennemis;

Que la législation de tous les pays civilisés s'est préoccupée du mode d'existence de cette classe d'individus et a cherché, par une surveillance active et une pénalité sévère, à en réprimer les dangereux effets ;

Considérant que le Code pénal actuellement en vigueur ne contient aucune répression ni peine contre la mendicité ; et que les dispositions des articles 403 et 404 de ce Code sont insuffisantes pour la répression du vagabondage ; qu'il importe de remettre en vigueur, en les modifiant, les dispositions du Code pénal de 1826, qui avaient qualifié délits la mendicité et le vagabondage et les avaient sévèrement punis ;

Considérant, d'une autre part, que l'expérience a démontré qu'il y a nécessité de modifier les articles 246, 405, 406 et 407 du Code pénal en vigueur ;

De l'avis du conseil des Secrétaires d'État,

A PROPOSÉ

Et le Corps Législatif a rendu la loi suivante :

CHAPITRE PREMIER.

La modification du Code d'instruction criminelle.

. . . .

CHAPITRE II.

Des modifications du Code pénal.

ART. 2.

Les articles 403 et 404 du Code pénal actuellement en vi-

gueur sont et demeurent abrogés et remplacés par les paragraphes ci après :

La section V du chapitre III, intitulé DES CRIMES ET DÉLITS
CONTRE LA PAIX PUBLIQUE, se composera à l'avenir de quatre
paragraphes.

Le premier paragraphe aura pour titre : ASSOCIATION DE
MALFAITEURS et restera formé des articles 224, 225, 226 et
227, sans modification.

Le deuxième paragraphe, qui prendra place après l'article
227, aura pour titre : « § 2. VAGABONDAGE. » Ce paragraphe
sera formé des article suivants :

« Art. 228. Le vagabondage est un délit.

« Art. 229. Les vagabonds ou gens sans aveu sont ceux
qui n'ont ni domicile certain, ni moyen de subsistance, et
qui n'exercent habituellement ni métier, ni profession.

« Art. 230. Les vagabonds ou gens sans aveu qui auront été
légalement déclarés tels, seront punis d'un emprisonnement
d'un mois à six mois, par le tribunal de simple police ; et, en
cas de récidive, de six mois à deux ans, par le tribunal de
simple police ; et, en cas de récidive, de six mois à deux ans,
par le tribunal correctionnel ; après avoir subi leur peine,
ils seront renvoyés dans la résidence qui leur sera fixée par le
ministère public et ils seront employés à des travaux de l'Etat.

« Art. 231. Les vagabonds pourront, après un jugement
même passé en force de chose jugée, être réclamés par délibé-
ration du conseil communal de la commune où ils sont nés,
ou cautionnés par un citoyen solvable.

« Si le Gouvernement accueille la réclamation ou agrée la
caution, lesindividus ainsi réclamés ou cautionnés, seront,
par ses ordres, renvoyés ou conduits dans la commune qui
les a réclamés, ou dans celle qui leur sera assignée, sur la
demande de la caution.

« Art. 232. Les individus déclarés vagabonds par jugement, pourront, s'ils sont étrangers, être expulsés, par les
ordres du Gouvernement, hors du territoire de la République. »

Le troisième paragraphe, qui prendra place à la suite de l'article 232 et qui aura pour titre : « § 3. MENDICITÉ, » sera formé des articles suivants :

« Art. 233. Toute personne valide qui aura été trouvée mendiant sera punie d'un emprisonnement de six jours à six mois et renvoyée, après l'expiration de sa peine, à la résidence qui lui sera désignée par le ministère public.

« Art. 234. Tous mendiants, même invalides, qui auront usé de menaces ou seront entrés sans permission du propriétaire ou des personnes de sa maison, soit dans une maison habitée, soit dans un enclos en dépendant, ou qui feindront des plaies ou infirmités, ou qui mendieront en réunion, à moins que ce ne soient le mari et la femme, le père ou la mère et les jeunes enfants, l'aveugle et son conducteur, seront punis d'un emprisonnement de trois mois à un an. »

Et le quatrième paragraphe, qui prendra place à la suite de l'article 234, aura pour titre : « § 4. DISPOSITIONS COMMUNES AUX MENDIANTS ET VAGABONDS, » et sera formé des articles suivants :

« Art. 235. Tout mendiant ou vagabond qui aura été saisi travesti d'une manière quelconque ;

« Ou porteur d'armes, bien qu'il n'en ait usé ni menacé ;

« Ou muni de limes, crochets ou autres instruments propres soit à commettre des vols ou d'autres délits, soit à lui procurer les moyens de pénétrer dans les maisons, sera puni d'un an à trois ans d'emprisonnement.

« Art. 236. Tout mendiant ou vagabond qui aura exercé quelque acte de violence que ce soit envers les personnes, sera puni de la réclusion, sans préjudice de peines plus fortes, s'il y a lieu, à raison du genre et des circonstances de la violence.

« Art. 237. Les peines établies par le présent Code, contre les individus porteurs de faux certificats, faux passe-ports ou fausses feuilles de route, seront toujours, dans leur espèce, portées au maximum, quand elles seront appliquées à des vagabonds ou mendiants.

« Art. 238. Les vagabonds ou mendiants valides qui auront subi les peines portées par les articles précédents resteront dans la résidence qui leur aura été assignée, sous la surveillance de la haute police de l'État aussi longtemps qu'ils ne justifieront d'aucun moyen d'existence ou d'une caution.

« Art. 239. Les mendiants invalides demeureront à la fin de ces peines sous la surveillance spéciale de la haute police de l'État, d'un an à trois ans. »

ART. 3.

L'article 246 dudit Code pénal en vigueur est et demeure modifié en ces termes :

« Art. 246. Est qualifié empoisonnement tout attentat à la vie d'une personne par l'effet de substances qui peuvent donner la mort plus ou moins promptement, de quelque manière que ces substances aient été employées ou administrées quelles qu'en aient été les suites.

« Est aussi qualifié attentat à la vie d'une personne, par empoisonnement, l'emploi qui sera fait contre elle de substances qui, sans donner la mort, produit un état léthargique plus ou moins prolongé, de quelque manière que ces substances aient été employées et qu'elles qu'en aient été les suites.

« Si, par suite de cet état léthargique, la personne a été inhumée, l'attentat sera qualifié assassinat. »

ART. 4.

Les articles 405, 406 et 407 dudit Code pénal sont et demeurent modifiés comme suit :

« Art. 405. Tous faiseurs de ouangas, caprelatas, vandoux, donpèdre, macandals et autres sortilèges, seront punis de trois à six mois d'emprisonnement et d'une amende de soixante à cent cinquante gourdes par le tribunal de simple police; et en cas de récidive, d'un emprisonnement de six mois à deux ans et d'une amende de trois cents à mille gourdes, par le tribunal correctionnel, sans préjudice des peines plus fortes qu'ils encourraient à raison de délits ou crimes par eux commis pour préparer ou accomplir leurs maléfices.

« Toutes danses et autres pratiques quelconques qui seront de nature à entretenir dans les populations l'esprit de fétichisme et de superstition, seront considérées comme sortilèges et punies des mêmes peines.

« Art. 406. Les gens qui font métier de dire la bonne aventure ou de deviner, de pronostiquer, d'expliquer les songes ou de tirer les cartes, seront punis d'un emprisonnement de deux mois au moins et de six mois au plus et d'une amende de cent à cinq cents gourdes.

« Tous individus condamnés pour les délits prévus au présent article et en l'article 405 subiront leur peine dans les prisons maritimes et seront employés aux travaux de la marine.

« Ils seront, en outre, à l'expiration de leur peine, placés sous la surveillance de la haute police de l'Etat pendant deux ans, par le fait seul de leur condamnation.

« Art. 407. Les instruments, ustensiles et costumes servant ou destinés à servir aux faits prévus aux deux articles précédents, seront de plus saisis et confisqués, pour être brûlés ou détruits. »

ART. 5.

Le Secrétaire d'État de la justice et des Cultes et le Secrétaire d'État de l'Intérieur et de l'Agriculture sont chargés, chacun en ce qui le concerne, de l'exécution de la présente loi qui sera imprimée et publiée.

Donné à la Maison nationale, au Port-au-Prince, le 20 octobre 1864, an 61e de l'Indépendance.

Le président du Sénat,
A. LAFOREST.

Les Secrétaires,
P. F. TOUSSAIN, B. INGIGNAC.

Donné à la Chambre des Représentants, au Port-au-Prince,
le 26 octobre 1864, an 61ᵉ de l'Indépendance.

Le Président de la Chambre,

P. N. VALCIN.

Les secrétaires,

Mᵀ.-Mʸ. Benjamin, N. Sambour.

AU NOM DE LA RÉPUBLIQUE.

Le Président d'Haïti ordonne que la loi ci-dessus du Corps
législatif soit revêtue du sceau de la République, publiée et
exécutée.

Donné au Palais national du Port-au-Prince, le 27 octobre 1864,
an 61ᵉ de l'Indépendance.

GEFFRARD.

Par le Président :

Le Secrétaire d'État de la justice et des cultes,

V. LIZAIRE.

Le Secrétaire d'État de l'intérieur et de l'agriculture,

A. CARRIÉ.

OBSERVATIONS.

Les modifications portées au Code pénal par la loi du 27 octobre 1864, si elles sont sévèrement appliquées, seront un bienfait pour l'agriculture et constitueront la plus efficace des pro-
tections pour le travail agricole.

Le vagabondage, la mendicité, et l'oisiveté sans domicile,
sans métier, sans profession et sans moyen d'existence, comme
les frelons de la fable, ne vivent que de vols et de larcins.

Cette loi a simplement remis en vigueur la législation pénale
de 1826 en la modifiant.

Le vagabondage, la mendicité et l'oisiveté, définis par la loi,
sont des délits. Les gens qui s'en rendent coupables sont soumis à deux degrés de juridiction, et à des peines graduées en
raison de la gravité du délit et des circonstances qui l'accom-
pagnent.

Ainsi, le délit simple, commis pour la première fois, est puni
d'un emprisonnement d'un mois à six mois par le tribunal de
simple police ; en cas de récidive, d'un emprisonnement de
six mois à deux ans par le tribunal correctionnel.

De plus, à l'expiration de leur peine, c'est-à-dire après le temps expiré de leur emprisonnement, les condamnés sont renvoyés dans une résidence fixée par le ministère public, et ils y sont employés à des travaux de l'État.

Nous l'avons déjà dit, il ne faut pas confondre cette dernière disposition avec la peine afflictive et infamante des travaux publics, énoncée par l'article 7 du Code pénal. Elle n'est qu'une garantie salutaire que l'individu condamné doit fournir à la société avant qu'elle l'admette de nouveau dans son sein.

Les articles 234, 235 et 236 ont déterminé les circonstances aggravantes des délits de vagabondage et de mendicité. Quelques-unes de ces circonstances peuvent entraîner le coupable devant la juridiction criminelle et le rendre passible de peines afflictives et infamantes.

Il ne rentre pas dans le cadre de cet ouvrage de développer ici et de commenter les modifications introduites dans le Code pénal par la loi du 27 octobre ; nous avons voulu seulement constater que grâce à ces modifications, si elles sont exécutées rigoureusement, les cultivateurs, les travailleurs seront assurés désormais de recueillir le produit de leurs travaux.

Nous terminons ces observations succinctes en appelant l'attention des autorités et agents de la police rurale sur les modifications que la loi du 27 octobre a fait subir aux articles 405, 406 et 407 du Code pénal. Ces dernières modifications ne sont pas moins importantes que celles relatives au vagabondage et à la mendicité. Elles ont surtout pour but principal la moralisation des populations de la campagne. Personne n'ignore combien sont devenues funestes, et même criminelles, les pratiques superstitieuses, répandues dans ces populations par une certaine classe d'individus qui abusent de leur ignorance et de leur crédulité.

Dans les délits de ce genre, l'action de l'autorité civile ne peut être que répressive ; c'est à l'autorité religieuse, secondée par l'instruction, à faire disparaître ces croyances et ces pratiques superstitieuses et à y substituer les saines doctrines et les admirables préceptes du christianisme.

NOTE TROISIÈME.

Une loi, assez souvent rappelée dans le Code rural et qui s'y rattache directement, c'est la loi du 10 juin 1865, sur les animaux épaves.

Nous la reproduisons ici pour éviter des recherches aux officiers et agents de la police rurale, ainsi qu'aux juges de paix.

LOI DU 10 JUIN 1865,

SUR LES ANIMAUX ÉPAVES

FABRE GEFFRARD,
Président d'Haïti.

Vu la loi du 11 mai 1819 et celle du 15 septembre 1828, relatives aux animaux épaves;

Vu les dispositions du Code pénal et du Code rural sur le même objet:

Considérant qu'il a été de tout temps défendu de laisser vaquer les animaux soit dans les villes et bourgs, soit dans les campagnes; que ces défenses sont fréquemment méconnues par les propriétaires d'animaux, dont la négligence est une cause de dégâts dans les champs cultivés et est nuisible à la sécurité publique;

Considérant qu'il est en conséquence urgent de reviser les dispositions actuellement en vigueur dans le but de réprimer plus sévèrement ces abus, en conservant toutefois à la propriété la protection qui lui est due;

Et que, d'un autre côté, il importe de modifier le mode de vente et les conditions de publicité établies dans la loi du 15 septembre afin de sauvegarder et les droits du Trésor et ceux des propriétaires d'animaux, comme aussi de rémunérer d'une manière équitable les agents qui concourent à l'exécution de la loi;

Sur le rapport du Secrétaire d'État de l'intérieur et de l'agriculture;

Et de l'avis du conseil des Secrétaires d'Etat ;

A proposé

Et le Corps législatif a rendu la loi suivante :

ARTICLE PREMIER.

Dans les villes et les bourgs les animaux épaves devront être conduits par les capteurs, dans les vingt-quatre heures de la capture, devant le juge de paix. Dans les sections rurales, la remise en est faite à l'officier commandant la section, comme il est prescrit en l'article 27 du Code rural.

ART. 2.

Les juges de paix devront inscrire immédiatement sur un registre tenu à cet effet, 1° le signalement détaillé de l'animal capturé, en indiquant la nature, la couleur du poil, l'étampe et les signes les plus apparents; 2° le jour et le lieu où il a été arrêté; 3° le jour où il a été présenté à la justice de paix ; 4° celui de son envoi aux épaves; 5° le nom et le domicile du capteur.

Après cette constatation, les juges de paix remettront au capteur un certificat contenant ces renseignements et lui ordonneront de conduire l'animal à la geôle du lieu.

ART. 3.

Le concierge de la geôle, en recevant l'animal, inscrit à son tour, sur un registre tenu à cet effet, sur l'exhibition qui en est faite par le capteur.

ART. 4.

Dans chaque prison, il sera affecté un lieu spécial pour y garder les animaux épaves. — Ces animaux y sont déposés sous la garde et la surveillance des concierges qui en sont responsables et doivent les représenter à toute réquisition des juges de paix ou des commissaires du gouvernement, sous les peines de droit.

Art. 5.

Les animaux épaves capturés et déposés dans les geôles y resteront déposés pendant quinze jours à compter du jour de leur entrée; pendant ces quinze jours ils pourront être réclamés par toute personne qui justifiera en être propriétaire.

Art. 6.

La réclamation sera présentée avec les pièces justificatives à l'appui, dans les communes où siége un tribunal civil, au doyen de ce tribunal, et dans les autres communes au juge de paix.

La propriété sera justifiée par titres, par l'étampe, par l'enquête ou par toutes autres voies légales.

Le doyen ou le juge de paix prononcera ce que de droit.

Si la restitution de l'animal est ordonnée, elle ne sera faite qu'après le payement intégral des frais et droits qui devront être liquidés et fixés, d'après le tarif ci-après établi, dans l'ordre restitution.

Art. 7.

Ce payement devra être fait soit au greffe du tribunal civil, soit au greffe de la justice de paix, et la restitution sera faite par le concierge sur la remise de la quittance du greffier.

Art. 8.

Les concierges constateront sur le registre prescrit par l'article 3 ci-dessus, la date de la sortie de l'animal, le nom du propriétaire, le montant des droits payés, la date de l'ordre de restitution et mention du magistrat qui l'aura signé.

Art. 9.

Pendant les quinze jours fixés par l'article 5, les greffiers des tribunaux civils et des justices de paix seront tenus d'afficher à la porte de ces tribunaux, à celle des conseils communaux et au bureau de la place, des avis indiquant le signalement des animaux déposés aux épaves, le jour du dépôt et le jour auquel il sera procédé à la vente.

Les greffiers seront en outre tenus de faire insérer cet avis dans le journal officiel le MONITEUR HAÏTIEN, au moins une fois, huit jours avant celui fixé pour la vente.

Art. 10.

Si, à l'expiration du délai de quinze jours, il n'est survenu ou n'a été admis aucune réclamation, il sera procédé à la vente publique des animaux épaves non réclamés, savoir:

Au siége des tribunaux civils, par un juge du tribunal, délégué à cet effet, tous les mois, par le doyen, assisté du greffier et d'un huissier, en présence du commissaire du gouvernement.

Et dans les autres communes, par le juge de paix, ou son suppléant, assisté du greffier, en présence d'un notaire du lieu, s'il y en a; lequel représentera le commissaire du gouvernement ou le notaire.

Ces ventes seront faites à la criée, au plus offrant, et au comptant, et il en sera, par le greffier, dressé procès-verbal qui sera signé par le juge, le commissaire du gouvernement ou le notaire.

Art. 11.

Dans les cinq premiers jours de chaque mois, dans les communes où siége un tribunal civil, les greffiers remettront un état des sommes provenant des droits et frais perçus et du produit des ventes du mois précédent aux administrateurs principaux qui, après vérification et défalcation des droits et frais perçus revenant au capteur, à la geôle et au greffe, ordonneront le versement au Trésor public de la différence.

Art. 12.

Dans le même délai, au commencement de chaque mois, dans les autres communes où il n'y a pas de tribunal civil, les greffiers des justices de paix remettront pareil état au préposé d'administration de la commune qui, après vérification et la défalcation ci-dessus indiquée, recevra desdits greffiers la somme revenant au Trésor public; et le préposé d'administration fera aboutir ladite somme à la caisse publique en la forme prescrite par les lois de finances.

Art. 13.

Pendant une année, à partir de la vente judiciaire, le propriétaire de l'animal vendu aura le droit de le réclamer en nature, dans n'importe quelles mains il se trouvera, en payant seulement au détenteur le prix et les frais de la vente judiciaire, sauf le recours du détenteur contre son vendeur, s'il y a lieu.

Si l'animal vendu est une femelle avec suite, la suite, étampée ou non, vendue séparément de la mère, pourra aussi être réclamée de la même manière, pourvu qu'on en puisse prouver la propriété, dans les formes tracées par la loi.

Art. 14.

Cette première année écoulée, l'ancien propriétaire de l'animal vendu ne pourra plus le revendiquer; il pourra seulement réclamer le prix produit par la vente judiciaire.

En aucun cas, le Trésor public ne sera restituable des droits et frais perçus conformément au tarif ci-après fixé.

Art. 15.

Les concierges sont responsables des animaux confiés à leur garde et à leurs soins pendant que ces animaux sont déposés aux épaves, sous peine de perdre les droits et frais qui leur sont alloués et sans préjudice de tous dommages-intérêts, s'il y a lieu ; ils sont tenus de leur fournir chaque jour une nourriture suffisante et de les entretenir en bon état.

Les frais de nourriture et d'entretien seront avancés par les concierges, sauf remboursement par le propriétaire réclamant ou sur le produit de la vente de l'animal.

Si l'animal meurt aux épaves, les droits et frais dus au concierge et ceux par lui avancés lui seront remboursés par l'État, sur le certificat du juge de paix constatant que la mort ne résulte pas du fait du concierge.

Ce certificat ne sera délivré par le juge de paix qu'après avoir préalablement constaté avec l'assistance d'un vétérinaire ou de deux agents experts, la cause de la mort de l'animal ; de laquelle opération il sera dressé procès-verbal.

Art. 16.

Les droits et frais de capture, de geôle et de greffe à percevoir pour les animaux épaves seront perçus conformément au tarif ci-après, par chaque tête d'animal.

Art. 17.

Dans les quinze premiers jours de chaque trimestre, les greffiers des tribunaux civils et des justices de paix seront tenus d'adresser au Sécrétaire d'État des finances un état général et détaillé des animaux épaves vendus ou réclamés dans le cours du trimestre précédent ; cet état comprendra : 1° le nombre des animaux réclamés, le nombre des animaux vendus, celui des animaux existant aux épaves à la fin du trimestre, et celui expédié aux commandants des communes, avec indication de la race de chaque animal ; 2° la date do l'entrée et celle de la sortie ; 3° le montant des sommes liquidés ; 4° le montant de celles versées entre les mains des préposés d'administration ou au Trésor public.

Art. 18.

Ne pourront, en aucun cas, être déposés aux épaves ni être vendus, les animaux qui seront reconnus être la propriété de l'État ou appartenir à la gendarmerie ou à la cavalerie de l'armée.

Un avis officiel dans le MONITEUR HAÏTIEN, et renouvelé tous les ans, fera connaître les étampes adoptées pour les animaux de l'État et ceux de la gendarmerie et de la cavalerie de l'armée.

Ces animaux, lorsqu'ils auront été capturés, seront envoyés par les juges de paix aux commandants des communes qui les achemineront à leur destination.

Art. 19.

La présente loi abroge toutes dispositions de loi antérieure qui lui sont contraires.

Art. 20.

Le Secrétaire d'État de l'intérieur et de l'agriculture, le Secrétaire d'État des finances et du commerce et le Secrétaire d'État de la guerre sont chargés, chacun en ce qui le concerne, de l'exécution de la présente loi.

TARIF.

§ 1er. — *Frais de capture.*

Pour droit de capture, à tout capteur. . . . . . . g. 4
Pour droit de capture et conduite à l'officier rural. . 10

§ 2. — *Droits et frais de geôle aux concierges.*

Droit d'entrée, au concierge 2
  » d'écrou et dépôt. 2
Droit de sortie. 2
Droit d'entretien, par jour. 1
Frais de nourriture pour chaque animal des races bo-
  vine et chevaline, pour chaque mulet ou âne. . . 2
Frais de nourriture pour chaque animal de la race
  porcine, pour chaque cabri ou mouton. 1

§ 3. — *Droits et frais de greffe.*

Aux greffiers des tribunaux civils et tribunaux de paix :
  1° Pour réception et signalement de chaque animal. 2
  2° Pour l'ordonnance d'écrou. 2
  3° Pour chaque placard annonçant l'écrou et le
    jour de la vente . . . . » 50
  4° Pour l'avis et l'insertion au journal officiel. . . 1
  5° Pour la publication de la vente au son du tam-
    bour 1
  6° Pour la criée à l'huissier 1
  7° Pour le procès-verbal, expédition comprise . . 2
  8° Timbre de l'expédition. 2
  9° Enregistrement, droit proportionnel sur le prix
    (mémoire). Transport et procès-verbal, en cas
    de mort de l'animal aux épaves : Pour le juge. 6
Pour le greffier. . . . . , ... 4
Pour chaque témoin expert. 3
Et pour tous autres actes non prévus faits en exécution de la présente loi 2

Donné à la Maison nationale, au Port-au-Prince, le 31 mai 1865, an 62° de l'Indépendance.

Le Président du Sénat,
A. LAFOREST.

Les secrétaires,
J. J. Mendoza et P. F. Toussaint.

Donné à la Chambre des représentants, au Port-au-Prince,
le 9 juin 1865, an 65ᵉ de l'Indépendance.

Le Président de la Chambre,
PERPIGNAND.

Les secrétaires,
B. Moïsᴇ, M. Dᴜʙᴜɪssᴏɴ.

AU NOM DE LA RÉPUBLIQUE,

Le Président d'Haïti ordonne que la loi ci-dessus du Corps
législatif, soit revêtue du sceau de la République, publiée et
exécutée.

Donné au Palais national du Port-au-Prince, le 10 juin 1865,
an 62ᵉ de l'Indépendance.

GEFFRARD.

Par le Président :

*Le secrétaire d'État, de la guerre et de la marine, chargé par in-
térim du portefeuille de l'intérieur et de l'agriculture,*

PHILIPPEAUX.

Le Secrétaire d'État, des finances et du commerce,
Aug. ELIE.

NOTE QUATRIÈME.

La Révolution du 22 Décembre 1858 venait de s'accomplir glorieusement : un mois s'était à peine écoulé depuis l'entrée du Président d'Haïti dans la capitale, quand fut promulgué le décret suivant :

DÉCRET DU 18 MARS 1859,

QUI CRÉE UN HAUT CONSEIL D'AGRICULTURE PRÈS LE GOUVERNEMENT.

FABRE GEFFRARD,

Président d'Haïti.

Considérant que le peuple haïtien est essentiellement agricole et que le Gouvernement doit toute sa sollicitude au bien être de ceux qui se livrent à la culture des terres ;

Considérant que le Gouvernement ne peut seul s'occuper avec tout le soin nécessaire à promouvoir la culture et à y introduire toutes les améliorations indispensables à son état actuel ;

De l'avis du conseil des Secrétaires d'État ;

A Rendu le décret suivant :

Art. 1er. Un haut conseil d'agriculture est institué près le Gouvernement.

Art. 2. Ce conseil élira dans son sein un président et un secrétaire.

Il se réunira au moins une fois par mois ; ses séances auront lieu au Sénat.

Art. 3. Le haut conseil d'agriculture étudiera les meilleurs moyens d'améliorer notre système agricole et fera parvenir ses vues à cet effet au Secrétaire d'État de l'intérieur et de l'agriculture.

Art. 4. Les fonctions de membres du haut conseil d'agriculture sont purement honorifiques ; elles durent deux ans et les membres peuvent être réélus ; mais le Gouvernement distinguera d'une manière toute spéciale ceux des citoyens qui auront remplis avec zèle et patriotisme ces honorables fonctions.

Art. 5. A la cérémonie de la fête de l'Agriculture, les membres du conseil d'agriculture auront une place de distinction que leur assignera le Président d'Haïti.

Art. 6. Le présent décret sera imprimé, publié et exécuté à la diligence du Secrétaire d'État de l'intérieur et de l'agriculture.

Donné au Palais national du Port-au-Prince, le 18 mars 1859, an 56ᵉ de l'Indépendance.

F. GEFFRARD.

Par le Président :

Le Secrétaire d'État de l'intérieur et de l'agriculture,
PROPHÈTE.

Le 22 du même mois, par arrêté du Président d'Haïti, furent nommés membres du haut conseil d'agriculture Messieurs les sénateurs JEAN-LOUIS NICOLAS, D. LABONTÉ, B. JEAN-SIMON, DÉSORME, LAFONTANT, et les citoyens ANTOINE AUDAIN, EUGÈNE NAU et E. HEURTELOU.

Ces deux actes qui témoignent de l'empressement du nouveau gouvernement à s'occuper de l'agriculture, devaient nécessairement trouver leur place dans ce recueil à côté du Code rural et de ses commentaires. Il est à regretter que les membres de ce haut conseil d'agriculture n'aient rien fait pour perpétuer cette institution qui, pourtant, aurait pu rendre d'utiles services.

Les deux années fixées par l'article 4 du décret de création son écoulés : les membres n'ont point été renouvelés,

Pourquoi ne pas remettre ce décret en vigueur par la nomination de nouveaux membres ?

NOTE CINQUIÈME.

Après la révolution du 22 décembre 1858, l'agriculture et la police des campagnes continuèrent à être régies par la législation antérieure jusqu'au 16 août 1862, c'est-à-dire pendant près de quatre ans. A cette date fut adoptée une loi, ayant pour titre : « *Loi sur la police des campagnes.* » D'abord assez favorablement accueillie, elle devint bientôt l'objet de très vives critiques, et même les partis hostiles au nouveau gouvernement essayèrent de s'en faire une arme pour répandre l'alarme dans les campagnes et pousser les populations rurales à l'insurrection. Ces tentatives criminelles échouèrent devant le simple bon sens de ces populations qui résistèrent à toutes les insinuations.

La loi du 16 août 1862, dans ses dispositions spéciales concernant l'agriculture et le régime agricole, était certainement une amélioration, comparée à la législation antérieure ; mais elle avait un grave inconvénient ; c'était de créer un nombreux personnel d'officiers et d'agents et un corps armé, dont l'organisation et l'entretien devaient imposer à l'État une dépense énorme et hors de proportion non seulement avec les ressources du Trésor, mais avec les services que ce nombreux personnel était appelé à rendre.

On a calculé que les seules dépenses annuelles, non compris celles de première installation, auraient coûté à l'État plusieurs millions de gourdes.

Devant cette difficulté, imprévue lors de l'adoption de la loi, le gouvernement prit le sage parti de renoncer à l'exécution si onéreuse de cette loi. Le 10 octobre de l'année suivante (1863) intervint une autre loi qui, en abrogeant celle du 16 août, autorisa le pouvoir exécutif à prendre, par arrêtés, les mesures nécessaires en vue d'une bonne police des campagnes, sauf la sanction législative.

Nous avons déjà, dans la notice placée en tête de cet ouvrage, rappelé comment le gouvernement fit usage de cette autorisation et avec quels soins fut préparé et définitivement adopté le Code rural actuel.

Nous croyons inutile de reproduire ici les documents qui composent la législation antérieure à la restauration de la République, en décembre 1858, et qui comme nous venons de le dire, continua à être observée jusqu'à la loi du 16 août, ou plutôt jusqu'à la mise en vigueur du Code rural actuel. Cette législation ayant été remplacée par ce Code, la mettre ici sous les yeux du lecteur, ce ne serait pas seulement inutile, mais cela pourrait créer une fâcheuse confusion.

Mais il n'en est pas de même des actes du gouvernement du 22 décembre qui ont été publiés depuis son avènement jusqu'à la promulgation du Code rural actuel. Tous ces actes témoignent de la constante sollicitude de ce gouvernement pour la culture et pour le bien-être des populations de la campagne : de plus on retrouve, dans la plupart des instructions, des explications et des recommandations qui semblent avoir été inspirées par les idées et les principes qui ont été formulés dans le Code rural. C'est pourquoi nous rééditons ici, dans leur ordre chronologique, ceux qui nous ont paru devoir être le plus souvent consultés.

Circulaire *du Secrétaire d'État chargé provisoirement du portefeuille de l'intérieur et de l'agriculture, aux commandants des arrondissements de la République, relative à la préparation des denrées, etc.*

Section de l'agriculture. — Nº 1er.

Port-au-Prince, le 9 août 1859, an 56e de l'Indépendance.

Le Secrétaire d'État au département de la justice et des cultes, chargé par intérim du portefeuille de l'intérieur et de l'agriculture, aux commandants des arrondissements de la République.

Général,

Bientôt nous aurons la récolte, et c'est le moment de vous entretenir de la triste condition que présente le café dans presque toutes les localités, excepté le Cap et les Gonaïves.

L'habitant ne met aucun soin dans la préparation de ses produits. S'ils ne sont pas embarqués tels qu'ils sont livrés pour rencontrer un vil prix à l'étranger, les négociants qui les achètent sont obligés de les faire nettoyer à leurs frais pour retirer les pierres, sables et toutes les mauvaises parties dont ils sont toujours chargés ; et bien souvent ces denrées présentent des fraudes qui attaquent le caractère du pays. Cet état de choses doit disparaître par les soins de l'autorité. Vous donnerez donc, Général, des ordres aux commandants des communes sous vos ordres et à tous autres officiers chargés de la police, afin qu'ils prescrivent aux agriculteurs de mieux soigner leurs récoltes. Des vérifications scrupuleuses devront être faites avant que les livraisons aient lieu. Ces officiers feront comprendre aux habitants que la propreté de leurs denrées devant leur faire obtenir un haut prix, il est de leur intérêt de ne rien négliger, pour les offrir convenablement au commerce. Si les marchandises qu'on nous apporte de l'étranger sont bien manufacturées, pourquoi ne devons-nous pas donner en retour des produits qui soient dignes d'un peuple libre et purement agricole? Veuillez, Général, expliquer tout ceci dans vos tournées, dans toutes les réunions que vous ferez ; éclairez et persuadez les agriculteurs sur ce point. Le Gouvernement tient à faire disparaître tous les reproches qui sont faits au pays à cet égard.

La multiplicité de nos denrées étant indispensable pour l'agrandissement du commerce, vous recommanderez la plantation du coton partout où le sol le permettra : cette denrée est en grande demande ; elle est recherchée par les manufactures de l'Angleterre et des autres pays de l'Europe. Nous devons travailler à apporter aussi notre contingent aux besoins de ces peuples avec lesquels nous avons déjà de grandes relations. Plus nous produirons, plus nous verrons flotter de pavillons dans nos ports et plus sera grande la prospérité d'Haïti.

Dans vos commandements respectifs, vous êtes des organes du Gouvernement ; appliquez-vous donc à faire comprendre à ceux dont la direction vous est confiée, tout ce qui doit faire leur bonheur, développer leur bien-être et leur assurer le respect de ceux qui sont en rapport avec Haïti.

Protection et garantie étant due à ceux qui travaillent, vous donnerez également des ordres pour empêcher les dévastations que commettent les bêtes à cornes dans les champs clôturés : ces bêtes devront être gardées à vue ou à l'attache, afin qu'elles ne ravagent pas les jardins. C'est un point bien sérieux, Général, et que je recommande à toute votre sollicitude. Celui qui répand sa sueur pour faire fructifier son champ ne doit pas être découragé par la vue de la destruction de ses travaux. Conciliez, suivant les localités, l'intérêt de celui qui travaille avec la conservation de l'espèce bovine qui fait aussi besoin. Enfin si, d'une part, il faut des clôtures, de l'autre il faut qu'un œil attentif suive les pas des bêtes à cornes pour qu'elles ne commettent pas de dégâts. Prenez les mesures les plus sages pour encourager l'agriculture et vous répondrez à l'attente du chef de l'État dont vous avez la confiance Opérez toujours et en tous points, Général, par la force de conviction et vous réussirez sûrement : que l'exécution suive aujourd'hui immédiatement les prescriptions.

Accusez-moi réception de la présente, et recevez, Général, l'assurance de ma considération très distinguée.

F.-E. Dubois.

CIRCULAIRE *du Secrétaire d'Etat chargé provisoirement du porte-*
feuille de l'intérieur et de l'agriculture, aux commandants des
arrondissements de la République, relative à l'inspection des
soutes de café.

SECTION DE L'INTÉRIEUR.

Circulaire. — N°

Port-au-Prince, le 24 août 1859, an 56ᵉ de l'Indépendance.

Le Secrétaire d'Etat au département de la justice et des cultes,
chargé par intérim du portefeuille de l'intérieur et de l'agricul-
ture, aux commandants des arrondissements de la République.

Général,

Ma circulaire du 9 courant, n° 1ᵉʳ, section de l'Agriculture,
appelle votre attention sur le soin que l'habitant doit mettre
dans la préparation du café qu'il récolte pour être livré au commerce. Mais là ne pouvait être limitée l'inspection préalable que
je réclame dans le but d'augmenter le prix de cette fève sur les
marchés étrangers; des producteurs je dois nécessairement
étendre la mesure aux spéculateurs qui achètent pour livrer
aux négociants consignataires. Vous êtes donc invité, Général,
à faire visiter, tous les lundis, ainsi qu'il vous a été prescrit
depuis longtemps, les soutes ou magasins de ces spéculateurs,
par une commission qui sera formée d'un suppléant de juge de
paix, d'un membre du conseil communal, d'un préposé d'administration, d'un adjudant de place et du commissaire ou de
l'agent de police. Cette commission s'assurera si les cafés sont
conformes à la loi du 28 novembre 1846, relative à l'inspection
des denrées d'exportation; et, s'ils ne réunissent pas les conditions voulues, il sera fait injonction de les nettoyer, et la police
s'opposera à leur livraison jusqu'à ce que la commission les
aura jugés propres à cet effet.

Immédiatement après la réception de la présente, vous réu-
nirez les spéculateurs résidant au chef-lieu de votre arrondissement pour leur faire connaître cette disposition; et, dans les
autres localités, elle leur sera notifiée par les commandants des
communes. Vous recommanderez à ces commerçants d'être très-
scrupuleux dans leurs achats; — d'acheter séparément le bon
café et le triage, et de les livrer de même au haut commerce, afin
que la marchandise ne présente aucun caractère de fraude et ne
soit pas exposée à être arrêtée en douane au moment de l'embarquement.

Le spéculateur ne doit pas seulement envisager ses intérêts: il
doit aussi, dans sa sphère, travailler à l'amélioration des pro-

7

duits qui s'exportent, en persuadant aux habitants avec lesquels il se trouve en rapport, que la propreté ou la bonne préparation de nos denrées est une question de dignité nationale, qui intéresse tous les citoyens en général.

Aujourd'hui l'inspection des denrées, Général, ne peut plus être une affaire de complaisance. — Le Gouvernement demande qu'elle soit réelle, et il compte sur le concours de ses lieutenants et des autres fonctionnaires publics chargés de l'exécution de la loi sur la matière. J'aime donc à croire que, bien pénétré des vues du Chef de l'Etat, chacun, en ce qui le concerne, déploiera tout le zèle et toute l'activité nécessaires pour arriver au résultat désiré.

Accusez-moi réception de la présente, Général, et recevez l'assurance de ma parfaite considération.

Signé : F. E. Dubois.

CIRCULAIRE *du Secrétaire d'Etat chargé proisoirement du porte-feuille de l'intérieur et de l'agriculture, aux conseils communaux, relative à l'inspection des denrées d'exportation.*

Port-au-Prince, le 2 septembre 1859, an 56ᵉ de l'Indépendance.

Section de l'agriculture. — Nᵒ 5.

Le Secrétaire d'Etat au département de l'intérieur et de l'agriculture, aux conseils communaux des ports ouverts.

Messieurs,

Après avoir entretenu les commandants d'arrondissements touchant le soin que les habitants agriculteurs doivent mettre dans la préparation des denrées d'exportation et touchant la visite des soutes ou des magasins des spéculateurs qui achètent ces denrées pour les livrer au haut commerce, ainsi que vous le verrez par mes circulaires des 9 et 24 août ci-jointes, lesquelles ont été insérées au *Moniteur*, je viens appeler votre attention sur le service des inspecteurs nommés pour la vérification de ces denrées en douane avant leur embarquement. — Vous ferez bien comprendre à ces inspecteurs, en leur remettant leurs délégations, que le Gouvernement entend que la loi du 28 novembre 1846 sur la matière ait aujourd'hui sa pleine et entière exécution ; — qu'il entend que l'inspection soit positive ; que par conséquent toutes les denrées qui ne réuniront pas les conditions voulues seront constatées suivant le prescrit de l'article 7 de la dite loi, pour être nettoyées par l'expéditeur, nonobstant les poursuites de droit. Vous veillerez à ce que ces inspecteurs remplissent ponctuellement leurs devoirs.

L'insouciance ou la complaisance a jusqu'ici arrêté l'effet de la mesure : vous le reconnaîtrez avec moi. — Il importe donc de mettre un terme aux abus. — Nos produits devant occuper une place respectable sur les marchés étrangers, pour l'honneur du pays, le Gouvernement aime à croire que vous lui donnerez tout le concours en votre pouvoir afin d'atteindre ce but. — Travaillez, messieurs, pour lui prouver que vous avez saisi ses vues, qui ne tendent qu'à promouvoir la prospérité nationale. — Il compte sur votre patriotisme et votre amour du bien public.

Veuillez, je vous prie, m'accuser réception de la présente et recevez l'assurance de ma condidération distinguée.

Le Secrétaire d'Etat de la justice, etc., chargé provisoirement du portefeuille de l'intérieur, etc.,

Signé : F. E. DUBOIS.

OBSERVATIONS.

Ces trois circulaires ont pour objet principal de recommander aux commandants d'arrondissement et aux conseils communaux de la République de porter toute leur attention et la plus sévère surveillance sur les soins à donner à la culture et à la préparation des cafés, sur la vérification de cette denrée et l'inspection des soutes (ou dépôts).

Déjà en 1859, et bien auparavant, nos cafés, qui tiendraient le premier rang sur les marchés européens, s'ils étaient cultivés et préparés avec soin, nos cafés avaient, au contraire, déjà perdu leur ancienne réputation et étaient primés par d'autres provenances, qui pourtant sont loin de les valoir. Cette déconsidération n'était pas seulement le résultat de l'incurie, des négligences et aussi de l'inexpérience et du mauvais outillage des producteurs, elle avait, nous sommes honteux de le dire, elle avait pour cause première la fraude. Des pierres, de la poussière, des éléments hétérogènes se trouvaient mélangés avec la fève. Les fèves elles-mêmes offraient un mélange de grains verts, de grains noirs, de grains cassés, de grains cueillis avant leur maturité.

Malgré les circulaires de l'autorité supérieure, malgré ses recommandations les plus impérieuses, formulées tantôt sous la forme comminatoire, tantôt sous celle d'avis officieux, cet état de choses déplorable, au lieu de disparaître, s'est encore aggravé et presque généralisé à un tel point qu'aujourd'hui, sur tous les marchés de l'Europe et de l'Amérique continentale, nos cafés sont dédaignés ; et la perte qu'en éprouve Haïti n'est pas estimée à moins de plusieurs millions de francs.

Nous venons de dire que, dès avant 1859, nos cafés étaient déjà frappés de déconsidération par suite de leur mauvaise préparation. Voici une circulaire que nous trouvons sous la date du 24 septembre 1852 et qui fut alors adressée aux commandants des divisions militaires de l'Empire ; elle mérite d'être reproduite ici, car les instructions et les conseils qu'elle contient ne sauraient être trop souvent rappelés et mis sous les yeux de tous. La question est d'un intérêt général et plus que jamais à l'ordre du jour.

« Dans le temps, une circulaire ministérielle vous fut adressée pour assurer l'exécution de la loi sur l'inspection des denrées ; les moyens qui pouvaient y conduire vous furent indiqués ; — mais il est à regretter que pour n'avoir pas suivi tout ce que prescrivait cette circulaire, vous ayez laissé naître un relâchement qui, trompant l'attente du commerce désireux des résultats, nuit singulièrement au bien-être de tous, et retarde la conquête d'une place qu'on peut dire assurée aux produits de notre sol à l'étranger.

« Cependant des mesures aussi efficaces, que le gouvernement dans sa sollicitude a étudiées pour la prospérité publique, devraient être secondées avec un vif empressement, ainsi que vous le commandent les hautes fonctions que vous occupez. S. M. l'Empereur m'a donc ordonné de vous adresser la présente circulaire dans le but de vous exhorter à prêter tout votre concours au gouvernement, et à mettre tous les soins possibles pour que nos denrées réunissent les conditions voulues par la loi, et qu'ainsi elles soient relevées, et occupent à l'étranger la place qui ne saurait leur être refusée une fois qu'elles pourront faire concurrence à celles des autres pays.

« Vous inviterez immédiatement, monsieur le duc, les commandants de paroisses sous vos ordres, d'avoir à faire expliquer aux habitants des campagnes, par les officiers ruraux, qu'il est de leurs intérêts que les denrées qu'ils récoltent soient bien préparées avant d'être livrées au commerce ; — que la bonne préparation doit leur faire obtenir pour ces denrées un prix plus élevé ; et dans des tournées fréquentes que devront faire ces commandants de paroisses, ils parleront eux-mêmes à ces habitants afin de les persuader pour arriver au but désiré.

« Il n'est pas inutile que je vous rappelle ici quelques-unes des prescriptions contenues dans la circulaire sus-énoncée : les cafés qui forment notre principale ressource agricole doivent être l'objet des préoccupations des agents de l'autorité, sans qu'ils négligent pourtant les autres produits ; cette denrée préparée ne doit avoir ni pierres, ni terre, ni poussière : ces corps étrangers constituent la fraude. Pour être de bonne qualité, le *café vert* ou le café dit *corne* doit être dégagé des graines noires, blanches ou brisées que l'on appelle triage ; le triage se vend à part : il a son prix.

« En éclairant les producteurs, et en obtenant d'eux ce qui est prescrit, le prix de cette denrée devra nécessairement augmenter. — Là ne s'arrêtera pas la surveillance de la police. — La police des bourgs ou des villes devra suivre les spéculateurs ; — des visites d'inspection seront donc faites dans leurs soutes ou magasins, le plus souvent possible, afin d'empêcher les mélanges ou la fraude. — Les denrées qu'ils livreront aux négociants consignataires subiront, d'après la loi, lors de l'exportation, une dernière inspection, et également la portion formant le cinquième de l'État à sa livraison.

« Pénétrez-vous bien, monsieur le duc, des vues de S. M. l'Empereur, qui entend que les lois soient exécutées ; exercez ou faites exercer un contrôle incessant, et étendez partout votre surveillance afin que cette nouvelle récolte soit bien appréciée.

« Je ne terminerai pas sans vous dire que dans plusieurs localités on se plaint de la négligence que mettent dans l'exercice de leurs fonctions les inspecteurs de denrées. — Il est de votre devoir de les surveiller, afin de les porter à répondre à la confiance que le gouvernement a placée en eux, et à concourir à tout ce qui tend à faire arriver Haïti au rang qu'elle doit occuper parmi les nations. »

C'est surtout en 1863 que la mauvaise préparation de nos denrées, et plus particulièrement de nos cafés, et leur altération frauduleuse prirent un tel développement que les amis de notre pays s'en émurent. L'un d'eux, dont les sentiments de sympathie sont bien connus, se faisant alors l'interprète du sentiment général, signala l'énormité du mal et ses funestes conséquences au Président d'Haïti, dans une lettre datée de Paris du 15 septembre 1863, d'où il nous a été permis d'extraire les lignes suivantes :

Paris, le 15 septembre 1863.

« Président,

« De toutes parts s'élèvent des plaintes contre la mauvaise préparation de nos denrées, et c'est surtout contre celle de nos cafés qu'un cri général se fait entendre de Londres à Hambourg, du Havre à Gênes. Poussière, pierres, il n'est sorte de matières étrangères que ne renferment les cafés exportés d'Haïti ; et jamais ce mal n'avait été plus loin que dans cette année 1863.

« Aussi, il en coûte à le dire, la confiance des acheteurs est ébranlée sur toutes les places de l'Europe. La continuation d'un tel état de choses aurait les conséquence les plus fâcheuses pour la prospérité d'Haïti, et il devient urgent de porter un prompt remède au mauvais état des cafés d'Haïti et aux fraudes qui en résultent.

Certainement le gouvernement aura à vaincre des difficultés, des obstacles entraves de tous genres ; mais le mal est arrivé à ce point qu'il faudra recourir aux moyens les plus énergiques, si les moyens ordinaires sont suffisants pour arrêter ce mal qui menace de déconsidérer la nation haïtienne aux yeux du monde entier.

« En effet, quelle grave atteinte cette fraude dont tous les haïtiens deviennent responsables ne portera-t-elle pas à la moralité de la nation haïtienne et même à son intelligence! — A sa moralité, en faisant passer aux yeux de tous cette manipulation incomplète pour une fraude systématique et générale. — A son intelligence, en laissant supposer que les haïtiens ignorent le résultat final de cette détérioration des cafés d'Haïti et qu'ils croient rejeter sur l'étranger une perte qu'en réalité ils subissent eux-mêmes.

« N'est-il pas à craindre en outre de voir les consommateurs des cafés d'Haïti y renoncer peu à peu? Déjà aux Etats-Unis la consommation des cafés d'Haïti est presque nulle et ceux du Brésil leur font une concurrence désastreuse. Ainsi cette population de 30 millions d'âmes se passe des cafés d'Haïti qu'en d'autres temps elle préférait à ceux de tous les autres pays. On doit prévoir que, dans un temps donné, il en sera de même en France, en Belgique, en Italie.

« Pour conjurer ce malheur, le gouvernement d'Haïti ne doit point hésiter à adopter les mesures les plus énergiques, par exemple celles suivantes :

« 1° La création dans chaque commune d'une commission composée du commandant de la commune, du juge de paix et d'un membre du conseil des notables. Cette commission vérifierait le lundi matin les cafés mis en sacs et expédiés soit par les caboteurs, soit par terre d'une commune à une autre, et ferait transporter au bureau de la place, pour y être nettoyés au frais du propriétaire, tous les cafés qui seraient trouvés mélangés de poussière, de cailloux ou de toute autre matière étrangère quelconque, soit dans les sacs, soit dans les soutes;

« 2° L'obligation pour chaque spéculateur qui expédie des cafés d'une commune à une autre d'inscrire son nom en toutes lettres sur les sacs, afin qu'il soit possible, par une inspection *innattendue*, à l'arrivée des cafés dans la commune où ils sont destinés à être expédiés pour les pays étrangers, de reconnaître s'il y a fraude. Dans ce cas les cafés devraient être *saisis*, en attendant les poursuites qui seraient dirigées contre le propriétaire pour fait d'escroquerie;

« 3° Une nouvelle inspection inattendue qui devra s'opérer au moment de l'embarquement pour les pays étrangers, et par conséquent obligation formelle pour chaque exportateur de faire apposer sur ses sacs les initiales de sa raison de commerce. A son tour celui-ci pourra également être poursuivi pour fait d'escroquerie, sauf à lui de recourir contre ceux qui lui auront vendu des cafés qu'il n'aura pas vérifiés. Il sera d'ailleurs facile de faire mettre au coin de chaque sac les initiales du spéculateur de qui il aura acheté;

« 4° Le prélèvement d'une taxte de cinquante centimes par sac embarqué. Cette taxte jointe aux amendes qui, outre les peines édictées par la loi, résulteront des poursuites pour fait d'escroquerie, servira à rétribuer convenablement les inspecteurs.

« Ainsi il y aura une triple inspection :

« 1° Celle de la commission instituée dans chaque commune;
« 2° Celle de l'inspection inattendue des cafés arrivant dans une commune dans des sacs marqués au nom du spéculateur qui les aura expédiés;
« 3° Celle de l'inspection des douanes au moment de l'embarquement pour les pays étrangers.

« Une circulaire de très-peu de lignes du département de l'agriculture adressée aux commandants d'arrondissement et distribuée dans tout le pays par milliers d'exemplaires, devra faire connaître aux producteurs la détermination bien arrêtée du gouvernement de punir comme escrocs ceux qui offriront en vente des cafés mêlés de pierres, de terre ou de toute autre matière étrangère quelconque.

« Si ces moyens ne suffisent pas, et ils ne suffiront pas si l'administration supérieure ne rappelle souvent les autorités à l'exécution de ses prescriptions, et ne s'assure, par des moyens en dehors des moyens ordinaires, de l'exécution de ses ordres, il faudra alors recourir à des mesures plus sévères qui devront faire l'objet d'une loi spéciale. »

Si nous avons insisté sur ce sujet, c'est surtout pour tâcher de faire comprendre aux producteurs, aux spéculateurs et aux exportateurs qu'il est de leur intérêt à tous, de leur intérêt bien apprécié, de ne produire, vendre et exporter que des denrées bien préparées et sans mélange. Malheureusement tant d'efforts ont été déjà faits, dans ce sens, et sont restés sans résultat, que nous n'avons guère d'espoir de voir les nôtres couronnés de plus de succès.

S'il en est ainsi, si les conseils venus de toutes parts ne sont pas accueillis, si les recommandations de l'autorité supérieure sont méconnues, si les instructions ne sont pas observées, il faut de toute nécessité, pour le bien général et pour l'honneur du pays, demander à un système pénal ce que que les conseils, les recommandations et les instructions ont été impuissants à obtenir.

Que le gouvernement se hâte d'user de l'initiative qui lui a été déléguée par l'article 26 du Code rural. En attendant la promulgation du règlement d'administration publique promis par cet article, la surveillance et la vérification des denrées continuent à se pratiquer selon les prescriptions de la loi du 28 novembre 1846 qui n'a pas cessé d'être en vigueur.

Voici les dispositions de cette loi :

Loi du 28 novembre 1846.

RELATIVE A L'INSPECTION DES DENRÉES D'EXPORTATION.

Le Président d'Haïti, de l'avis du conseil des Secrétaires d'Etat a proposé, et le Sénat, après avoir reconnu et déclaré l'urgence

A RENDU la loi suivante :

Art. 1er. Aucune denrée d'exportation ne sera embarquée sans un certificat délivré gratis et sur papier timbré de vingt-cinq centimes, constatant que cette denrée a subi la vérification voulue et qu'elle est pure de tout mélange susceptible d'en faire déprécier la valeur.

Art. 2. Le café de bonne qualité doit être séparé et livré au commerce distinctement du triage, c'est-à-dire du café à graines noires, blanchies et brisées.

Art. 3. Toutes contraventions aux dispositions qui précèdent, entraînent de la part du contrevenant, le payement d'une amende de cinq pour cent sur la valeur de la portion de denrées trouvée en contravention, sans que cette amende dispense de l'obligation de nettoyer ou de diviser les qualités de ladite denrée.

Art. 4. L'inspection des denrées d'exportation se fera en douane au moment de leur pesage. La quantité à peser sera préalablement déclarée à l'inspecteur.

Lorsque le gouvernement le jugera convenable, ou, sur la réquisition d'un expéditeur, il pourra être fait des visites d'inspection dans les magasins des spéculateurs en denrées.

Art. 5. Si l'inspecteur reconnaît que la denrée inspectée réunit les conditions voulues, il en délivre certificat. Le certificat énoncera les marques des colis et le numéro de la série inspectée ; et après le pesage, la quantité pesée, inspectée, y sera énoncée par le peseur de la douane.

Art. 6. Les certificats de chaque cargaison accompagneront la feuille d'expédition.

Ces certificats, retenus par l'administrateur des finances, seront par lui adressés tous les mois au secrétaire d'Etat de l'Intérieur et de l'Agriculture.

Art. 7. Si l'inspecteur reconnaît que la denrée soumise à l'inspection ne réunit pas les conditions voulues, il appellera près de lui le directeur et le peseur de la douane : procès-verbal du tout sera dressé et signé, la denrée préalablement pesée. Ensuite deux négociants seront appelés pour constater le prix courant de la denrée au moment de l'inspection.

Le procès-verbal sera immédiatement adressé au ministère public pour les poursuites de droit.

Art. 8. L tribunal saisi de l'affaire statuera, toutes affaires cessantes.

La denrée vérifiée et ainsi trouvée en contravention sera renvoyée dans le magasin de l'expéditeur pour y être nettoyée, et soumise à une nouvelle inspection au moment de son embarquement.

Art. 9. Tous les mois, les conseils des notables des villes dont les ports sont ouverts au commerce extérieur, nommeront pour l'inspection des denrées d'exportation, un certain nombre d'inspecteurs.

Ce nombre sera déterminé en raison des besoins de chaque localité par un règlement d'administration publique.

Art. 10. Les fonctions d'inspecteurs sont obligées. Elles ne pourront être continuées qu'après un intervalle de trois mois.

Art. 11. Un agent ou un officier de police accompagnera l'inspecteur dans sa visite.

L'inspecteur en tour de service sera muni d'une délégation du ministère de l'intérieur, contresignée par le directeur du conseil des notables, et indiquant l'époque durant laquelle l'inspecteur exercera ses fonctions.

Art. 12. La présente loi ne commencera à être exécutée que trois mois après sa publication.

Art. 13. L'exécution de la présente loi est confiée aux secrétaires d'Etat de l'Intérieur, des Finances et de la Justice.

Donné à la Maison nationale du Port-au-Prince, etc., etc.

ARRÊTÉ QUI ALLOUE DES PRIMES POUR LA CULTURE DU COTON.

Du 27 février 1860.

FABRE GEFFRARD, *Président d'Haïti,*

Considérant que la culture du coton est une des ressources les plus précieuses de notre agriculture, tant par l'immense consommation de cette denrée, que par la facilité de cultiver la plante sur toutes sortes de terrains ;

Sur le rapport du Secrétaire d'Etat de l'Intérieur et de l'Agriculture ;

De l'avis du Conseil des Secrétaires d'Etat,

ARRÊTE ce qui suit :

Art. 1er. Des primes seront allouées à toute personne qui aura récolté sur le domaine qu'il exploite et dans une seule récolte, les quantités de coton ci-après désignées :

Pour une quantité de trois à cinq milliers de coton exclusivement, cinq cents gourdes.

De cinq à dix milliers exclusivement, mille gourdes.

De dix à vingt milliers exclusivement, mille cinq cents gourdes.

De vingt et au-dessus, six mille gourdes.

Art. 2. Le mode de constation de la production par un seul propriétaire ou fermier des quantités de coton sera indiqué par un règlement d'administration publique.

Art. 3. Le présent arrêté sera exécutoire à partir du 1er janvier 1861.

Art. 4. Le Secrétaire d'Etat de l'Intérieur et de l'Agriculture demeure chargé de l'exécution du présent arrêté.

Donné au Palais national du Port-au-Prince, le 27 février 1860, an 56e de l'indépendance.

GEFFRARD.

Par le Président :

Le Secrétaire d'Etat au département de l'intérieur et de l'agriculture,

Signé : F. JN. JOSEPH.

CIRCULAIRE DU SECRÉTAIRE D'ÉTAT DE L'INTÉRIEUR ET DE L'AGRI-
CULTURE, AUX COMMANDANTS D'ARRONDISSEMENT, RELATIVE AUX
SOINS A DONNER A LA RÉCOLTE DE CAFÉ.

SECTION DE L'AGRICULTURE. — N⁰ 1

Port-au-Prince, le 10 avril 1860, an 57ᵉ de l'Indépendance.

Circulaire.

*Le Secrétaire d'Etat au département de l'intérieur et de l'agricul-
ture aux commandants d'arrondissement.*

Mon cher général,

Les dernières nouvelles de l'étranger nous apprennent que
nos cafés se vendent à des prix favorables. — La hausse qui
s'est manifestée depuis plusieurs mois et le résultat de diverses
circonstances; je n'en signalerai qu'une qui est incontestable :
c'est que, depuis le commencement de la récolte, la qualité de
cette denrée s'est améliorée chez nous. Les rapports qui nous
arrivent des ports d'outre-mer, d'accord avec les observations
faites dans le pays, ne permettent pas de révoquer en doute ce
fait important.

Je me plais, mon cher général, à attribuer ce résultat à la
bonne impulsion donnée par les autorités locales et aussi au
bon esprit des populations des campagnes qui ont compris, depuis la Révolution, qu'elles ne seraient plus constamment détournées de leurs travaux et qu'elles pourront dorénavant y
consacrer tout le temps nécessaire.

Mais si un commencement d'amélioration a eu lieu, ce n'est
pas une raison pour nous arrêter à ce premier pas. Nous devons
au contraire trouver dans cette circonstance un stimulant pour
nous de mieux faire encore.

Sur les marchés étrangers, les cafés d'Haïti sont soumis à des
réfactions qui s'élèvent à 4 et 5 pour cent à cause des pierres,
terre et mauvaises graines qu'ils contiennent. Les acheteurs d'ici
sont obligés de tenir compte de ces usages, et l'on ne doit pas
évaluer à moins de douze gourdes par sac la réduction du prix
qui en résulte.

Attachez-vous, mon cher général, à faire bien comprendre ces
faits à vos subordonnés, afin qu'ils soient portés à la connaissance des cultivateurs. — Répandez parmi eux cette idée qu'indépendamment de l'augmentation dont il est parlé plus haut, le
prix de nos cafés s'élèverait beaucoup encore s'ils étaient dé-
barrassés des graines blanches et brisées qui en rendent l'aspect
et la qualité très défavorables.

Sous l'influence de la hausse qui a eu lieu à l'étranger, nos cours se sont élevés ici, quoique depuis quelque temps les marchandises importées se vendent à des taux moins hauts. Cette double circonstance doit être un encouragement pour les producteurs. — Ne manquez pas de le leur faire expliquer.

En obtenant, soit par le soin donné aux cafiés, soit par la bonne préparation des graines, que nos habitants améliorent la production, nous travaillerons à la prospérité de la République comme à celle des particuliers. Nous ne devons pas nous lasser de faire des efforts incessants vers ce but.

Recevez, mon cher général, l'expression de toute ma considération.

Signé : F. Jn.-Joseph.

ARRÊTÉ QUI ORDONNE LA CRÉATION DE FERMES-ÉCOLES DANS LES ARRONDISSEMENTS DE LA RÉPUBLIQUE.

Du 18 avril 1860.

Fabre GEFFRARD, Président d'Haïti,

Considérant qu'il importe, dans l'intérêt de la prospérité publique, de répandre, au moyen d'institutions spéciales, les connaissances indispensables au progrès de l'agriculture;

De l'avis du Conseil des Secrétaires d'Etat,

Arrête ce qui suit :

Art. 1er. Des Fermes-Ecoles seront créées successivement dans les arrondissements de la République.

Art. 2. Elles ont pour but de familiariser les élèves avec la pratique des bons procédés d'agriculture et avec les méthodes nouvelles de préparation des produits.

Art. 3. Chaque Ferme-Ecole sera placée sous l'autorité d'un directeur et la surveillance d'un comité de trois membres.

Art. 4. Un instituteur, au choix du Secrétaire d'Etat de l'Instruction publique, sera attaché à l'établissement. Il remplira les fonctions de secrétaire.

Art. 5. Les Fermes-Ecoles recevront cinquante pensionnaires logés et nourris aux frais de l'Etat. Nul enfant au-dessous de douze ans et au-dessus de seize n'y sera admis.

Art. 6. Un réglement d'administration intérieure, rédigé par le Secrétaire d'Etat de l'intérieur et de l'agriculture, sera publié et affiché dans les salles des Fermes-Ecoles.

Art. 7. Le présent arrêté sera imprimé, publié et exécuté à la diligence du Secrétaire d'Etat de l'intérieur et de l'agriculture, auquel un crédit de deux cent mille gourdes est ouvert, chapitre 6, section 1ʳᵉ de la comptabilité de son département et cette somme sera prélevée sur les fonds du budget des recettes de 1860.

Donné au Palais national du Port-au-Prince, le 18 avril 1860, an 57ᵉ de l'indépendance.

Signé : GEFFRARD.

Par le Président :

Le Secrétaire d'Etat de l'intérieur et de l'agriculture,

Signé : F. Jɴ.-Joseph.

Avɪs *de la Secrétairerie d'Etat des finances et du commerce, relatif aux outils aratoires et ustensiles de fabrication utiles à l'agriculture.*

Du 30 janvier 1861.

SECRÉTAIRERIE D'ÉTAT DES FINANCES.

Avɪs. — Ceux de nos concitoyens des diverses localités de la République qui s'occupent de travaux agricoles et qui, grâce à des efforts persévérants, ont réussi à donner à ces travaux un certain développement, peuvent, s'ils le désirent, se procurer aux conditions ci-après des outils aratoires et des ustensiles de fabrication dans le genre de ceux dont se servent aujourd'hui les pays plus avancés, soit pour l'égrenage et le nettoyage du coton, soit pour la fabrication et la dessiccation du sucre, etc.

Une compagnie, à l'Etranger, a offert ces machines au Gouvernement, et le Gouvernement a consenti à s'établir intermédiaire entre cette compagnie et les agriculteurs et fabricants du pays qui peuvent en avoir besoin.

Les machines seront fournies aux plus bas prix auxquelles elles se vendent sur les places d'Europe, et le prix de chacune d'elles sera fixé entre les fournisseurs et le Gouvernement, sur les données que ce dernier recueillera de ses agents à l'Etranger.

Au prix des machines seront ajoutés une commission de cinq pour cent, une fois payée, et un intérêt de six pour cent par an, avec un amortissement de dix à quinze pour cent par an sur le capital ; ce qui offrira aux fabricants sérieux un mode de payement très avantageux.

Ceux qui désireront se procurer les ustensiles et usines dont il s'agit ci-dessus, devront, à partir de l'apparition du présent avis, se faire inscrire à la secrétairerie d'Etat de l'intérieur et de l'agriculture, et présenter au haut fonctionnaire, placé à la tête de ce département, la description exacte des moulins, chaudières, etc., qu'il leur faudra. Ces descriptions devront minutieusement préciser les dimensions et la force de chaque machine et être accompagnées d'un plan, dressé de manière à bien fixer la compagnie et à la mettre en mesure d'exécuter convenablement ce qui lui sera demandé.

Cela fait, un contrat en due forme sera passé entre le Secrétaire d'Etat de l'intérieur et l'agriculteur ou le fabricant soumissionnaire, où seront formulées et arrêtées toutes les conditions nécessaires pour assurer le payement des intérêts annuels et celui de l'amortissement de dix à quinze pour cent par an, au gré du contractant.

Il est bien entendu que tous les payements seront faits au Gouvernement qui s'est constitué garant des contrats en vertu desquels la fourniture des machines devra avoir lieu.

Parmi les garanties qui seront exigées, figureront, en première ligne, les machines fournies et les propriétés sur lesquelles elles seront placées. Au ministère de l'intérieur, les soumissionnaires trouveront, au besoin, un catalogue de plans, dessins, des machines les plus perfectionnées, à l'usage de l'agriculture et de l'industrie.

Port-au-Prince, le 30 janvier 1861.

OBSERVATION.

Nous regrettons d'avoir à constater ici que ces offres du Gouvernement n'ont été suivies d'aucune demande de la part de nos grands propriétaires fonciers. Il est vrai, et nous ne devons pas omettre de le constater aussi, que pour relever les grandes habitations et en entreprendre l'exploitation avec chance de succès, des achats de machines et d'ustensiles sont une aide insuffisante. Il faudrait en plus pouvoir disposer d'un capital de roulement affecté au défrichement et à l'appropriation des terres, à la réparation ou à la réédification des usines, à la réparation des canaux d'irrigation, aux salaires de la main-d'œuvre, etc., etc. Pour compléter un système de protection efficace, il faudrait sérieusement donner suite à l'idée émise — et qui a été formulée en une loi — d'une banque agricole, mais d'une banque constituée sur d'autres bases que celles adoptées dans la loi du 27 juillet 1859.

Circulaire du Secrétaire d'Etat de l'intérieur et de l'agriculture, aux commandants d'arrondissements, relative aux travaux agricoles.

Port-au-Prince, le 16 février 1861, au 58ᵉ de l'Indépendance

Circulaire.

Le Secrétaire d'Etat au département de l'intérieur et de l'agriculture, aux commandants d'arrondissement.

Messieurs,

Le gouvernement, dans sa sollicitude pour le bien-être général s'applique sans relâche à développer l'agriculture et à porter les habitants à s'occuper très sérieusement de la culture du coton, mais il voudrait être compris.

Dans ce but, je vous ai adressé, messieurs, à la date du 14 mars 1860, sous le nº 539, une circulaire pour expliquer la pensée du gouvernement de pousser les populations rurales vers la culture de cette denrée, dont le produit assure une certaine prospérité.

L'arrêté de Son Excellence le Président d'Haïti, en date du 27 février de l'année dernière, relatif à la culture du coton, messieurs, dit combien le gouvernement est disposé à encourager le laborieux cultivateur. Témoin aussi sa nouvelle détermination à procurer aux meilleures conditions possibles des instruments aratoires perfectionnés.

Il est bien certain que personne ne voudra rester sourd, indifférent à la sollicitude du gouvernement, en compromettant ainsi sa propre existence.

Je viens donc, messieurs, vous recommander de nouveau de ne jamais vous lasser d'expliquer, de faire comprendre à vos administrés le but du gouvernement, qui n'agit que dans leurs propres intérêts.

Il faut payer de votre personne; si c'est un sacrifice, vous le ferez, messieurs, j'en suis convaincu. Votre patriotisme et votre amour pour la chose publique m'en donnent l'assurance. Transmettez aux officiers placés sous vos ordres les instructions, la pensée du gouvernement. Qu'à leur tour, ils les fassent comprendre aux populations. — Parcourez sans cesse les habitations, assurez-vous de l'état des choses par vous-mêmes.

Le gouvernement, vous le savez, ne contraint personne à s'occuper exclusivement de la culture du coton, mais il désire que chacun, comprenant enfin ses intérêts, s'adonne à cette culture qui, sous plus d'un rapport, mérite de l'attention. Aujourd'hui plus qu'hier elle doit être considérée à sa véritable valeur. La mauvaise récolte de café de l'année dernière, la prévision d'une semblable crise cette année nous font l'impérieux devoir de nous attacher fortement à la culture du coton.

En expliquant dans vos fréquentes tournées toutes ces considérations à vos administrés, il est impossible qu'ils n'entrent pas dans la voie qui doit les conduire au bien-être; car, il ne faut pas se le dissimuler, le coton occupe sur les marchés étrangers un haut rang : il y est très prisé; sa consommation y est considérable, et il suffirait de la moindre difficulté survenue dans d'autres pays producteurs du coton pour nous permettre d'obtenir un prix très-élevé pour notre coton récolté à l'ombre de la tranquillité et de la liberté dont jouit la République.

Je saisis cette occasion, messieurs, pour vous entretenir d'une autre mesure qui doit également attirer votre attention dans l'actualité et toujours.

Je veux parler de la plantation des vivres de toutes espèces, des grains et des légumes.

Vous n'êtes pas sans savoir les déplorables ravages dont ont eu à souffrir, l'année passée, plusieurs points de la République, et les suites fâcheuses de la sécheresse qui sévit si rigoureusement en ce moment.

En présence de ces terribles désordres de la nature, messieurs, sans parler des circonstances qui pourraient nous priver des provisions étrangères, telles que riz, farine, etc., comment pourrait-on se prémunir contre une disette imminente, si on n'avait pas eu le soin de planter des vivres et des grains?

Vous aurez donc, messieurs, à prescrire et, à la rigueur, à faire que les habitants plantent pour leurs propres besoins des vivres en abondance. Parmi les vivres sont recommandées tout particulièrement les racines nutritives qui ont le double avantage de ne pas être exposées aux coups de vent et de se conserver longtemps en terre.

Comme le Gouvernement tient à voir ces mesures d'intérêt général exécutées, ainsi vous devez en surveiller l'exécution.

En conséquence, dès la réception de la présente circulaire, vous ordonnerez à vos commandants de communes, aux adjoints, aux officiers de gendarmerie, etc., de se rendre sur les différents points que vous leur désignerez, pour qu'ils expliquent convenablement les présentes prescriptions aux populations qu'ils visiteront.

Deux mois après la transmission de vos ordres, vous enverrez de nouveau ces officiers s'assurer de leur exécution, constater les plantations qui auraient été faites.

Sur chaque grande habitation un carreau et demi de terre au moins, devront être établis en vivres. Partant de ce point, il en sera relativement de même pour les petites propriétés.

Dans vos fréquentes tournées, messieurs, vous aurez certainement occasion de suivre la marche développée que vous aurez imprimée à l'agriculture. — Vous m'en ferez donc part dans un rapport trimestriel très-détaillé qui sera livré à la publicité comme témoignage d'action.

A l'œuvre! messieurs, la génération actuelle a les yeux sur vous. Veuillez m'accuser réception de la présente et recevoir l'assurance de ma haute considération.

Signé : Fs. Jn.-Joseph.

Circulaire *du Président d'Haïti aux commandants d'arrondissement, relative à la culture du coton.*

Correspondance générale. — N° 153.

Palais national du Port-au-Prince, le 19 février 1861, an 58° de l'Indépendance.

Fabre GEFFRARD, Président d'Haïti,

Aux généraux commandants des arrondissements de la République.

Général,

Les nombreuses recommandations qui vous ont été jusqu'ici adressées concernant l'Agriculture ont dû vous révéler toute l'importance que le Gouvernement attache à cette source de la richesse publique, et vous faire comprendre le haut intérêt qu'il y a pour un pays, essentiellement agricole comme le nôtre, à assurer le développement et la prospérité de cette branche du travail national.

Mais le Gouvernement ne s'est pas borné à exposer, par votre intermédiaire, aux populations des campagnes, les immenses avantages qui peuvent être tirés de l'Agriculture. Il a pris en outre des mesures, non seulement pour accorder, dans la limite de son pouvoir et de ses ressources, d'utiles encouragements, mais encore pour augmenter le nombre des bras employés à l'exploitation de la terre. Sa sollicitude enfin, qui étudie sans cesse les besoins de l'agriculteur et s'applique à y satisfaire, recherche aussi les voies dans lesquelles peuvent être dirigés les efforts avec de sérieuses perspectives de succès.

C'est sous l'influence de cette préoccupation que je vous prescris d'attirer fortement l'attention des agriculteurs de votre arrondissement sur les grands avantages d'une culture, que des considérations diverses et des circonstances éminemment favorables semblent leur commander d'entreprendre et de développer, sans exclure celle des autres denrées : je veux parler de l'exploitation du coton.

Cette denrée, par les facilités qu'elle offre tant pour son placement sur les marchés étrangers que pour sa production à l'intérieur, doit se recommander particulièrement à l'attention d'un pays, qui a besoin d'augmenter ses moyens d'échange et ne possède pas encore toutes les ressources nécessaires au développement de sa prospérité. D'un côté, le coton, avidement recherché par l'industrie étrangère, présente à l'exportation un article précieux, qui n'a rien à craindre de son abondance ; sa consommation, l'expérience l'a démontré, augmentant avec sa production. D'un autre côté, la culture de cette plante, vous le savez, ne réclame ni les mêmes soins ni les mêmes dépenses que l'exploitation des autres grandes denrées exportées. Elle se passe d'irrigations, prospère dans les terrains secs et de qualité secondaire, comporte la grande comme la petite exploitation, n'empêche pas enfin d'utiliser la surface, qui y est consacrée, à la production de certaines autres denrées et de légumes dont la récolte est plus prompte. Outre ces avantages incontestables, le coton ne demande, sauf le moulin, ni outillage spécial ni usines, ce qui permet d'en entreprendre la culture avec des capitaux relativement faibles.

Je vous rappelle ici les encouragements que le gouvernement a promis de donner à cette culture et qu'il ne manquera pas d'étendre, si les résultats répondent à son attente. Ils consistent en primes, dont les chiffres sont fixés, par un arrêté du 27 février 1860, et en don gratuit d'un certain nombre de moulins aux localités où la culture du coton prendrait un développement suffisant, ce qui a été déjà exécuté en faveur de plusieurs communes. L'avis de la secrétairerie d'État des finances en date du 30 janvier de cette année, inséré au *Moniteur haïtien* du 2 février, par lequel le Gouvernement offre d'être intermédiaire et garant, entre les agriculteurs et une compagnie étrangère, pour l'avance d'ustensiles, pourrait aussi, au besoin, trouver son application.

À toutes ces puissantes considérations, qui déjà suffisent à déterminer l'adoption d'une culture si féconde en avantageux résultats, s'en joignent d'autres d'un ordre tout différent, qui ne peuvent manquer d'être aussi appréciées à leur juste valeur. Il y aurait en effet pour Haïti, patrie des descendants libres et indépendants de la race africaine, un haut intérêt à devenir, elle aussi, l'une des plus abondantes sources de cette précieuse denrée, aujourd'hui obtenue dans les principaux pays producteurs au moyen de l'esclavage. Non seulement elle aurait la gloire, avec ses produits recueillis par des mains libres, de disputer les marchés étrangers à ceux du travail servile, mais elle pourrait encore profiter des graves atteintes que paraît devoir subir, à sa principale source, cette utile production, ainsi que des événements en voie d'accomplissement ailleurs ne le font que trop présager.

Les populations rurales, j'aime à l'espérer, ne resteront pas sourdes à ces exhortations et sauront entrer dans une voie, qui tout en les dirigeant individuellement vers le bien-être, conduira le pays à cette position élevée, réservée seulement aux peuples qui, par leur activité et l'importance de leur production, savent se rendre indispensables aux autres.

Je ne terminerai pas sans vous faire une dernière et importante prescription au sujet des plantations de vivres, maïs, mil, riz et racines servant à la consommation intérieure. Le Gouvernement vous recommande d'autant plus d'ordonner la culture sur une large échelle de tous ces articles, que diverses circonstances autorisent à craindre un ralentissement dans l'importation des objets tirés de l'étranger pour l'alimentation du pays. Sur ce point le devoir de l'autorité ne consistera pas à donner de simples conseils, mais à transmettre des ordres positifs, en raison de la haute mission de prévoyance qui lui incombe selon le vœu de la loi.

C'est en vous transportant souvent au milieu des populations rurales et sur les propriétés mêmes, que vous pourrez exécuter les prescriptions contenues dans cette circulaire. J'enverrai en temps utile des inspecteurs constater les résultats que vous aurez obtenus; c'est assez vous dire combien je compte sur votre zèle.

Je vous salue, Général, avec une parfaite considération.

Signé : GEFFRARD.

CIRCULAIRE *du Président d'Haïti, aux commandants des arrondissements, relative à la culture du coton et des vivres.*

Palais National du Port-au-Prince, le 4 mai 1861, an 59ᵉ de l'Indépendance.

FABRE GEFFRARD, Président d'Haïti,

Aux généraux commandants des arrondissements de la République.

Général,

J'attache une si haute importance, pour le pays, au développement de la culture du coton et des vivres de toutes sortes, que j'ai cru devoir vous adresser moi-même, à la date du 19 février dernier, une circulaire détaillée à cet égard. Je ne manquerai pas de revenir souvent sur cet objet, dans ma correspondance avec vous; et les recommandations que vous êtes chargé de transmettre se renouvelleront fréquemment jusqu'au jour où des résultats appréciables viendront démontrer que les populations rurales sont définitivement entrées dans la voie qui leur est indiquée. La fête de l'agriculture, qui les a réunies autour de vous et des commandants des communes, vous a récemment fourni une occasion solennelle d'exécuter mes instructions et de rappeler à ces cultivateurs que les circonstances, loin de cesser d'être favorables, leur commandent de plus en plus de développer, sur la plus large échelle, la culture de coton ainsi que celle des plantes alimentaires.

Comme je vous l'ai annoncé dans ma circulaire du 19 février, j'envoie des inspecteurs qui seront prochainement rendus dans votre commandement. Ils sont chargés d'aller y constater, l'époque des premières plantations de l'année étant écoulée, l'état de ces deux cultures, ainsi que les effets qu'auront pu déjà produire vos recommandations sur l'utilité de leur développement. Vous les mettrez en mesure de bien remplir leur mission et leur fournirez les moyens de se procurer tous les renseignements nécessaires. Ces inspections seront répétées de temps en temps, afin que les travaux sur ce point soient régulièrement suivis et que ces rapports me tiennent exactement informé des résultats obtenus.

Je vous salue, Général, avec une parfaite considération.

Sgné : GEFFRARD.

OBSERVATIONS.

La circulaire du 10 avril 1860 est la reproduction en d'autres termes des recommandations et instructions sans cesse renouvelées pour la préparation et les soins à donner aux cafés et aux cultures alimentaires. Nous n'avons pas à revenir sur ce sujet. Ce document, de même que la circulaire du 16 février 1861 que nous venons de reproduire, atteste la sollicitude du Gouvernement du 22 décembre, non-seulement pour la culture du café, mais pour l'agriculture en général.

L'arrêté du 27 février 1860, qui alloue des primes pour la culture du coton, les deux circulaires du Président d'Haïti aux commandants d'arrondissement, pour encourager cette culture, publiées sous les dates des 19 février et 4 mai 1861 ; puis, dans un autre ordre d'idées, l'arrêté du 18 avril 1860, qui crée des fermes-modèles, et l'avis de la secrétairerie des finances et du commerce qui ouvre des crédits aux agriculteurs pour leur faciliter l'achat d'outils et instruments utiles à l'agriculture; — tous ces actes, successivement promulgués, ne sont-ils pas un témoignage incontestable des efforts constants du Gouvernement pour encourager et favoriser le développement du travail agricole et des exploitations foncières?

Si tous ces efforts n'ont point complètement réussi, à qui la faute? S'il nous fallait répondre à cette question, nous serions obligés d'entrer dans des considérations qui s'éloignent du but de cet ouvrage ; mais il ne nous serait pas difficile de prouver qu'il est injuste de faire supporter au Gouvernement seul la responsabilité de ses insuccès. Il a souvent rencontré dans l'exécution de ses libérales intentions des difficultés insurmontables.

S'il n'a pas complètement réussi, par exemple, dans le désir, manifesté par l'arrêté du 18 avril 1860, de fonder des fermes-modèles, on ne peut lui dénier le mérite d'avoir doté le pays d'une richesse nouvelle par la vigoureuse et intelligente impulsion qu'il a donnée si à propos à la culture du coton.

On sait qu'avant l'année 1860, disons mieux, avant la guerre des Etats-Unis, la culture du coton en Haïti était négligée. La récolte de ce produit était tellement minime qu'il suffisait à peine aux besoins de l'intérieur, et son exportation était presque nulle.

Aujourd'hui, le coton d'Haïti a pris une large place parmi nos moyens d'échange avec l'étranger, et il serait apprécié à un assez haut prix, s'il n'était, comme le café, altéré par une mauvaise manipulation et une déloyale spéculation. Néanmoins, cette culture en est arrivée à un tel développement que le Gouvernement a cru pouvoir remplacer sans inconvénient la prime accordée par l'arrêté du 18 avril 1860, par un droit de sortie de deux piastres par cent livres, à partir du 1er janvier 1865. (Loi du 2 septembre 1864.)

Par une autre loi du 11 septembre 1865, ce droit a été réduit au droit fixé par celle du 13 juillet 1858, avec une taxe additionnelle de 10 0/0.

Voici les motifs qui ont justifié cette réduction :

« Considérant que les prix largement rémunérateurs qui avaient motivé la loi du 2 septembre, ont éprouvé une baisse assez considérable; qu'il est juste de concilier l'intérêt général avec l'intérêt privé et d'encourager la culture du coton en abaissant aussi l'impôt auquel cette denrée a été assujettie par la loi du 2 septembre. »

Nous ne devons pas oublier de mentionner ici, malgré son peu de succès, la tentative d'immigration faite en 1859. Cette tentative a malheureuseusement échoué; nous laissons à d'autres, mieux informés que nous, le soin de rechercher et de faire connaître les causes de cet insuccès.

Nous ne partageons pas entièrement l'opinion de ceux qui attribuent presque exclusivement le non-développement de notre agriculture à l'absence de bras : il est certain qu'une augmentation de la population virile et laborieuse donnerait une très grande impulsion aux travaux agricoles et à la prospérité nationale. Mais nous pensons aussi qu'à défaut d'immigration, on peut, par une surveillance active et sévère, par une bonne police dans les villes et les campagnes, par la répression rigoureuse du vagabondage, de la mendicité et de l'oisiveté, ramener aux travaux du sol rural, une foule de bras inactifs, protégés dans leur coupable inaction par le défaut de surveillance et l'inexécution des lois. En un mot, nous pensons que la production telle qu'elle est aujourd'hui n'est pas en rapport avec la population; que celle-ci, avec plus d'activité, pourrait produire davantage, et non seulement suffire à tous les besoins par l'échange, mais encore se créer une épargne.

L'épargne créée, nous cesserions d'être les débiteurs de l'étranger et nous n'aurions plus à redouter des crises comme celle que nous traversons en ce moment.

FORMULAIRE

DES PRINCIPAUX ACTES, PROCÈS-VERBAUX ET RAPPORTS

A FAIRE

EN EXÉCUTION DU CODE RURAL

FORMULAIRE.

FORMULE N° 1.

LICENCE POUR AVOIR DES CANOTS OU EMBARCATIONS SUR UNE
HABITATION VOISINE DE LA MER.

(Article 4 du Code rural.)

Liberté.   Égalité

N°

RÉPUBLIQUE D'HAITI.

Il est permis à M   , propriétaire de l'habitation   , située section d   , commune d   , arrondissement   , et
riverain de la mer, d'avoir un ou plusieurs canots et embarcations pour le transport de ses denrées (ou pour la pêche pour
l'usage de l'habitation), mais à la charge par lui de se conformer aux prescriptions de l'article 4 du Code rural.

Délivré gratis, à   , le   18   ,
an 6 de l'Indépendance.

Le Juge de Paix,

NOTA. — Ces permis doivent être inscrits sur un registre spécial, tenu par le greffier, conforme au modèle suivant :

Modèle du Registre.

N° d'ordre.	Dates des permis.	Noms des propriétaires.	Désignation des habitations	Nombre des canots et embarcations.	Observations

FORMULE N° 2.

PROCÈS-VERBAL CONSTATANT UNE COUPE DE BOIS OU UN DÉFRICHEMENT NON AUTORISÉ.

(Articles 7 et 8 du Code rural.)

Liberté.   Égalité.

RÉPUBLIQUE D'HAITI.

—

L'an mil huit cent soixante....., le   ,
A la réquisition de M   , propriétaire, demeurant à   ,
Je soussigné, chef de section de la section d
     , commune d   , arrondissement d   ,
me suis transporté sur la propriété de M   , située
en cette section, au lieu connu sous le nom de   ,
où étant j'ai constaté qu'une coupe de bois, (ou un défriche-

ment, ou une extraction de pierres ou minerais a été prati-
quée sur une portion (ou sur la totalité de ladite propriété) ;
ledit requérant m'a déclaré qu'il n'a point autorisé cette coupe
de bois (ou ce défrichement, ou cette extraction) et il m'a
dénoncé le citoyen   comme en
étant l'auteur. Ledit citoyen   ne s'étant pas
trouvé sur le lieu et ne demeurant pas dans la section, j'ai
dressé le présent procès-verbal que j'ai expédié au juge de
paix de la commune aux fins de l'article 8 du Code rural, les
mois et an susdits.

Le Chef de section,

NOTA. — 1° Si le délinquant — s'il s'agit d'une coupe de bois
ou d'un défrichement — est trouvé sur le lieu de la contravention, le chef de section doit en faire immédiatement l'arrestation;
et il constatera l'arrestation dans son procès-verbal, avant de
clore, en ces termes :

En conséquence, j'ai immédiatement et en conformité de
l'article 7 du Code rural, arrêté ledit citoyen   et je
l'ai, sous escorte, expédié au juge de paix de la commune,
avec le présent procès-verbal que j'ai dressé, etc., etc.

2° Si le délinquant n'est pas sur le lieu et qu'il demeure dans
la commune et se trouve dans sa demeure, la rédaction suivante
est substituée à la précédente :

En conséquence, je me suis de suite transporté en la
demeure dudit citoyen,   , située en cette section, où l'ayant trouvé, j'ai procédé à son arrestation immédiate et je l'ai, sous escorte, expédié avec le présent procès-
verbal au juge de paix de la commune.

FORMULE N° 3.

—

PROCÈS-VERBAL POUR CONSTATER LES INFRACTIONS AUX DISPOSITIONS DE L'ARTICLE 14 DU CODE RURAL.

———

Liberté.   Égalité.

RÉPUBLIQUE D'HAITI.

—

L'an mil huit cent soixante....., le

Je soussigné, chef de section de la section d   ,
commune de   , m'étant transporté sur le
morne (DÉSIGNER LE MORNE), (OU BIEN, m'étant transporté à la
tête ou sur les bords de la source de.... ou de la rivière
de.....),

J'ai constaté que les arbres propres à contenir les terres et
dont l'article 14 du Code rural défend l'abattage ont été abattus, et que le nommé   est l'auteur de ces contraventions.

En conséquence, j'ai dressé le présent procès-verbal que
j'ai de suite expédié au juge de paix de ladite commune à
telles fins que de droit.

Fait à   , les jour, mois et an indiqués ci-
dessus.

Le Chef de section,

FORMULE N° 4.

SOMMATION AUX PROPRIÉTAIRES, RIVERAINS D'UN COURS D'EAU, DE FAIRE LES RÉPARATIONS.

(Article 17 du Code rural.)

Liberté.   Égalité.

RÉPUBLIQUE D'HAITI.

L'an mil huit cent soixante....., le
Je soussigné, chef de section de la section d
, commune d   , en vertu des ordres
de l'autorité supérieure à moi transmis par le commandant de
ladite commune, ai fait sommation à M   ,
l'un des propriétaires riverains du cours d'eau de
de contribuer sans retard, avec ses coobligés, aux frais
de réparations (ou d'entretien) dudit cours d'eau, à peine
d'amende, conformément à l'article 17 du Code rural et sans
préjudice de tous autres droits.

Le Chef de section,

FORMULE N° 5.

PROCÈS-VERBAL POUR CONSTATER LE DÉTOURNEMENT D'UN COURS D'EAU OU D'UNE PORTION D'EAU.

(Article 18 du Code rural.)

Liberté.   Égalité.

RÉPUBLIQUE D'HAITI.

L'an mil huit cent soixante....., le
Je soussigné, chef de section de la section d
            , commune d   , m'étant transporté sur
le bord de la digue (ou du bassin de distribution, ou du
canal) connue sous le nom d   et qui sert à
l'irrigation des propriétés riveraines (OU BIEN, qui sert aux
habitants),

J'ai constaté qu'une portion de l'eau a été détournée frauduleusement de son cours naturel, et que cette portion a été
déversée et répandue sur la propriété de M.

En conséquence, j'ai dressé le présent procès-verbal aux
fins prescrites par l'article 18 du Code rural et j'ai expédié ledit
procès-verbal au juge de paix de la commune. Dont acte.

Le Chef de section,

FORMULE N° 6.

PROCÈS-VERBAL POUR CONSTATER LE DÉPÔT SUR LA VOIE PUBLIQUE D'OBJETS DE NATURE A ENTRAVER LA CIRCULATION.

(Article 19 du Code ural.)

Liberté.   Égalité.

RÉPUBLIQUE D'HAITI.

L'an mil huit cent soixante....., le
Je soussigné, chef de section de la section d
commune d   , m'étant transporté sur la route
(ou sur le chemin) qui conduit de   à   ,
j'y ai trouvé déposé, de manière à entraver la circulation, un
cabrouet (ou plusieurs cabrouets ou tombereaux, etc. — DÉSI-
GNER L'OBJET OU LES OBJETS TROUVÉS).

D'après informations prises des voisins, M.
a été désigné comme étant le propriétaire (ou le dépositaire)
desdits objets.

En conséquence, j'ai dressé le présent procès-verbal aux
fins de l'article 19 du Code rural, pour être expédié au juge
de paix de la commune.

Fait à,   les jour, mois et an indiqués ci-
dessus.

Le Chef de section,

FORMULE N° 7.

PROCÈS-VERBAL POUR CONSTATER L'ÉCOULEMENT DES EAUX SUR LA VOIE PUBLIQUE.

(Article 19 du Code rural.)

Liberté.   Égalité.

RÉPUBLIQUE D'HAITI.

L'an mil huit cent soixante....., le

Je soussigné, chef de section de la section d

commune d   , m'étant transporté sur la route (ou sur le chemin) qui conduit de   à

J'ai constaté que sur la portion de ladite route (ou dudit chemin), longeant la propriété de M.   , il a été pratiqué une saignée (ou une rigole) pour y déverser et faire couler le trop-plein des eaux, et que cette saignée (ou cette rigole, ne peut profiter qu'à ladite propriété.

En conséquence, j'ai dressé le présent procès-verbal et je l'ai expédié au juge de paix de ladite commune, aux fins des dispositions de l'article 19 du Code rural.

Fait à   , les jour, mois et an indiqués ci-dessus.

Le Chef de section,

FORMULE N° 8.

PROCÈS-VERBAL POUR CONSTATER QUE DES ANIMAUX
ONT ÉTÉ MUTILÉS, ESTROPIÉS OU TUÉS.

(Article 31 du Code rural.)

Liberté.   Égalité.

RÉPUBLIQUE D'HAITI.

L'an mil huit cent soixante....., le
A la réquisition de M   , demeurant à
Je soussigné, chef de section de la section d   , commune d   , me suis transporté sur la propriété de
M   située en cette section, où étant et en la présence de M   , propriétaire (ou fermier) dudit bien
rural, j'y ai trouvé attaché (ou gisant par terre) un cheval (ou
TEL AUTRE ANIMAL) sous poil....., portant au côté droit (ou
gauche) pour étampe, les lettres suivantes :
J'ai constaté que le dit animal a été mutilé (ou estropié),
ayant reçu à la jambe droite du devant (OU A TELLE AUTRE
PARTIE DU CORPS) une blessure faite avec un instrument tran-
chant (ou avec un bâton, ou par un coup de feu);
OU BIEN EN CAS DE MORT : j'ai constaté que ledit animal était
mort, ayant reçu..., etc. (COMME CI-DESSUS.)
En conséquence, j'ai dressé le présent procès-verbal et je l'ai

expédié au juge de paix, aux fins de l'article 31 du Code rural.

Fait à   , les jour, mois et an indiqués ci-dessus.

Le Chef de section,

FORMULE N° 9.

—

PROCÈS-VERBAL CONSTATANT L'ABATAGE D'UN COCHON OU D'UN CABRI ET LA SÉPARATION DES TROIS PIEDS ET DE LA TÊTE DE L'ANIMAL.

(Article 31 du Code rural.)

Liberté.   Égalité.

RÉPUBLIQUE D'HAITI.

—

L'an mil huit cent soixante....., le

A la réquisition de M   , propriétaire, demeurant à....

Je soussigné chef de section de la section d   , commune d   , arrondissement 'd   , me suis transporté sur la propriété du requérant, située en cette section, au lieu connu sous le nom de   , où étant, il a placé devant moi un cochon (ou un cabri), que le requérant m'a déclaré avoir été abattu dans son jardin (ou sur la portion cultivée de sa propriété).

Et de suite, en ma présence, les trois pieds et la tête de

l'animal ont été détachés et remis audit requérant, et le corps dudit animal a été livré au citoyen   qui l'a réclamé, après qu'il a été reconnu propriétaire (OU, SI LE PROPRIÉTAIRE N'EST PAS CONNU : le corps dudit animal a été déclaré saisi par moi et transporté au bureau de la section).

De tout quoi, j'ai dressé le présent procès-verbal les jour, mois et an susdits.

Le Chef de la section,

FORMULE N° 10.

PROCÈS-VERBAL POUR CONSTATER LA CAPTURE ET LA SAISIE D'ANI-MAUX TROUVÉS EN ÉPAVE ET LES DÉGATS COMMIS PAR EUX.

(Article 32 du Code rural.)

Liberté.   Égalité.

RÉPUBLIQUE D'HAITI.

—

L'an mil huit cent soixante....., , à heures du matin (ou de l'après-midi),

Sur la réquisition à moi adressée hier (ou aujourd'hui), à heures du matin (ou de l'après-midi), par **M**   , propriétaire de l'habitation connue sous le nom de   (ou d'un jardin), située en cette section ;

Je soussigné, chef de section de la section d

commune d   , me suis transporté sur ladite habitation (ou dans ledit jardin) ;

Là étant, M   m'a représenté un cheval (ou TOUT AUTRE ANIMAL), sous poil   , ayant pour étampe les lettres   marquées sur la cuisse gauche (ou droite) ; il m'a déclaré avoir capturé cet animal sur sa propriété hier (ou aujourd'hui), et il m'a requis de constater et d'évaluer les dégâts commis à son préjudice par ledit animal.

Le propriétaire de l'animal capturé étant inconnu, je l'ai déclaré saisi pour être expédié immédiatement au juge de paix de la commune.

Ensuite et sans désemparer, j'ai visité et parcouru les portions de l'habitation (ou du jardin) qui ont été dévastées, et j'ai évalué le préjudice causé par les dégâts, à la somme de....

De tout quoi, sur les lieux, j'ai dressé le présent procès-verbal, en conformité de l'article 32 du Code rural, les jour, mois et an ci-dessus.

Le Chef de section,

NOTA. — Si entre l'heure de la réquisition et celle du transport il s'est écoulé plus de vingt-quatre heures, le chef de section doit énoncer dans le procès-verbal la cause du retard. Cette constatation sera faite après l'évaluation des dégâts, avant la clôture du procès-verbal, en ces termes : « Le retard qui s'est écoulé entre « la réquisition et mon transport provient de ce que j'étais en tour- « née dans la section » (*ou, si c'est une autre cause, la mentionner*).

FORMULE N° 11.

—

AUTRE PROCÈS-VERBAL POUR CONSTATER LA CAPTURE ET LA SAISIE D'ANIMAUX TROUVÉS EN ÉPAVE, ET LES DÉGATS COMMIS PAR EUX.

(Article 32 du Code rural.)

Liberté.   Égalité.

RÉPUBLIQUE D'HAITI.

—

L'an mil huit cent soixante ...... le

A la réquisition de M   , propriétaire de l'habitation connue sous le nom de   (ou d'un jardin), située en cette section ;

Je soussigné, chef de section de la section d   , commune d   , arrondissement d   , me suis transporté sur ladite habitation (ou dans ledit jardin) ;

Là étant, M   m'a déclaré que dans la journée d'hier (ou dans la matinée d'aujourd'hui), un animal, qu'il présume être un cheval (ou un mulet, etc.), et qu'il n'a pu capturer, a pénétré sur sa propriété et y a commis des dévastations dont il requiert la constatation et l'évaluation sous toutes réserves de droit.

A ce obtempérant, j'ai immédiatement parcouru et visité les parties dévastées de ladite propriété et j'ai évalué le préjudice commis par l'animal inconnu à la somme de   , et j'ai, en conformité du second paragraphe de l'article 32 du

Code rural, cherché à reconnaître ledit animal et son propriétaire, sans pouvoir y parvenir.

Dont acte dressé les jour, mois et an ci-dessus.

Le Chef de section,

NOTA. — Si, au contraire, le chef de section obtenait des renseignements et recevait des témoignages sur l'animal et son propriétaire, il devra les consigner dans son procès-verbal, comme
le veut l'article 32.

Il pourrait le faire dans les termes suivants, après l'évaluation
des dégâts :

A l'instant, en notre présence, sont intervenus M
et M   , lesquels nous déclarent et attestent :

Le premier, qu'hier, daus la journée, vers les deux heures,
il a vu dans la propriété de M   un cheval sous poil
            qu'il croit appartenir à M   ;

Le second, que vers les trois heures, il a vu un cheval sous
poil   s'échappe de la propriété de M   en
franchissant l'entourage, etc., et qu'il croit que ledit animal
appartient à M....

FORMULE N° 12.

LETTRE ADRESSÉE AU JUGE DE PAIX DE LA COMMUNE PAR L'OFFI-
CIER DE POLICE RURALE, AVEC LE PROCÉS-VERBAL DE SAISIE,
EN CONFORMITÉ DE L'ARTICLE 33 DU CODE RURAL.

Section de   , le   18   .

    Monsieur le Juge de paix,

En conformité de l'article 33 du Code rural, je vous expédie, sous la conduite et la garde du gendarme   , un cheval sous poil   , étampé   , que j'ai saisi sur l'habitation de M   , et je vous adresse, en même temps, ie procès-verbal de saisie et de constatation du dégât.

J'ai l'honneur de vous saluer.

L'officier de police rurale de ladite section,

FORMULE N° 13.

PÉTITION ADRESSÉE AU SECRÉTAIRE D'ÉTAT DE L'INTÉRIEUR ET
DE L'AGRICULTURE, POUR OBTENIR DE CRÉER UNE HATTE
D'ANIMAUX EN TROUPEAUX.

(Article 37 du Code rural.)

M.   , le   18   .

A Monsieur le Secrétaire d'État de l'intérieur et de l'agriculture.

Monsieur le Secrétaire d'État,

Je suis propriétaire d'une habitation située à ...., contenant plus de cinquante carreaux de terre et ayant des pâturages suffisants, ainsi qu'il est constaté par les titres ci-joints.

Ayant l'intention de créer sur cette habitation une hatte pour l'élève et l'entretien d'animaux en troupeaux, je viens, me conformant à l'article 37 du Code rural, vous demander de m'accorder l'autorisation préalable prescrite par cet article, après l'accomplissement des formalités, et de fixer à un seul (OU à deux; OU A UN PLUS GRAND NOMBRE) le nombre des gardeurs de ladite hatte.

J'ai l'honneur,

Monsieur le Secrétaire d'État, de vous saluer.

(Signature du postulant.)

NOTA. — Si la demande d'autorisation est pour une hatte de pourceaux, on dira : « contenant plus de vingt-cinq carreaux de « terre » au lieu de : « contenant plus de cinquante carreaux de « terre. »

Et au lieu de : « pour l'élève et l'entretien d'animaux, » on « dira pour l'élève et l'entretien de pourceaux. »

A la demande d'autorisation doivent être toujours joints les titres de propriété, numérotés et mentionnés en marge ou au bas de la pétition.

FORMULE N° 14.

ENQUÊTE FAITE PAR LE COMMANDANT D'UN ARRONDISSEMENT, PAR L'ORDRE DU SECRÉTAIRE D'ETAT DE L'INTÉRIEUR ET DE L'AGRICULTURE, SUR LA DEMANDE D'AUTORISATION, POUR LA CRÉATION D'UNE HATTE D'ANIMAUX.

(Article 37 du Code rural.)

ENQUÊTE.

Liberté.   Égalité.

RÉPUBLIQUE D'HAITI.

L'an mil huit cent soixante....., le
Devant Nous,   , commandant de l'arrondissement de   , au bureau de cet arrondissement, sis à
Ont comparu :
1° Le citoyen . . . . . . ⎫
2° . . . . .   ⎬ *Énoncer les noms, pré-*
3° . . . . .   ⎪ *noms, qualité et demeure*
4° . . . . .   ⎭ *de chaque comparant.*
Tous propriétaires voisins de l'habitation   , située
section de   , commune de   , en cet arrondissement, et appartenant à M
Lesquels comparants ont dit que leur comparution a pour

objet de répondre à l'appel qui leur a été adressé individuellement par Nous.

En conséquence, lecture leur a été de suite donnée de la
dépêche, en date du   , à Nous adressée par Monsieur
le Secrétaire d'État de l'intérieur et de l'agriculture, de laquelle il résulte que ledit citoyen   se proposant de
créer sur son habitation sus-désignée, une hatte d'animaux
(ou de pourceaux) en troupeaux a demandé l'autorisation
préalable à Monsieur le Secrétaire d'État de l'intérieur et
de l'agriculture pour la création de cette hatte.

Cette communication faite, Nous avons expliqué à chacun
desdits comparants que la loi prescrit, qu'avant d'accorder
cette autorisation, une enquête soit faite et d'y appeler tous
les habitants propriétaires ou intéressés, voisins, et que cette
enquête avait pour but de les mettre à même d'exposer à
l'autorité leurs motifs d'opposition à la création de ladite
hatte, ou les inconvénients qui en résulteraient, soit dans
leur intérêt privé, soit dans l'intérêt général.

Et après cette explication, Nous avons interpellé chacun
desdits comparants séparément de formuler ces motifs d'opposition, si aucun il avait, et d'exposer les observations
qu'il jugerait à propos.

Tous, les uns après les autres, ont répondu qu'ils n'ont
aucun motif à alléguer ni aucun inconvénient à signaler
pour l'empêcher.

Ce fait, Nous avons, les jour, mois et an ci-dessus, dressé le
présent procès-verbal pour être immédiatement expédié au Secrétaire d'État de l'intérieur et de l'agriculture, après l'avoir
signé avec notre secrétaire et les citoyens   , les autres
comparants ayant déclaré ne le savoir, le tout après lecture.

NOTA. — Le modèle ci-dessus prévoit seulement le cas où il ne
serait fait au commandant de l'arrondissement aucune objection
à la création de la hatte ; mais il est bien entendu que, dans le cas
contraire, chaque observation, chaque objection, chaque inconvénient signalé, devra être mentionné dans le procès-verbal d'enquête.

FORMULE N° 15.

PROCÈS-VERBAL DE CAPTURE, PAR L'OFFICIER DE POLICE RURALE, D'UN ANIMAL TROUVÉ DANS LES TROUPEAUX D'UNE HATTE ET NON RÉCLAMÉ DANS LE DÉLAI LÉGAL.

(Articles 40 et 41 du Code rural.)

Liberté.   Égalité.

RÉPUBLIQUE D'HAITI.

L'an mil-huit cent soixante..., le
A la réquisition de M   , demeurant à
           , propriétaire (ou gardeur) d'une hatte d'animaux,
située dans cette section ;
Je soussigné, chef de section de la section d   ,
commune d   , arrondissement d   , me suis
transporté sur ladite hatte, où étant, ledit sieur
(propriétaire ou gardeur), a présenté devant moi un cheval
(OU TOUT AUTRE ANIMAL), sous poil   , étampé au côté droit
(ou côté gauche) des lettres   et m'a déclaré que depuis
l'avis à moi transmis ainsi qu'aux voisins de la dite hatte,
plus d'un mois s'est écoulé sans que ledit animal ait été réclamé ; en conséquence, il me requiert d'en opérer la capture ;
Ce à quoi j'ai procédé immédiatement, pour ledit animal
être expédié de suite au juge de paix avec le présent procès-
verbal.
Et j'ai dressé le présent procès-verbal, les jour, mois et an

susdits, et ledit sieur   l'a signé avec moi, après
lecture.

L'officier de la police rurale,

NOTA. — Si le requérant ne sait pas signer, on termine
ainsi :

Et j'ai, les jour, mois et an susdits, dressé le présent
procès-verbal que j'ai signé; le requérant ayant déclaré ne
le savoir, après lecture faite.

MODÈLE DE L'AVIS DONNÉ A L'OFFICIER DE POLICE RURALE.

Le soussigné, propriétaire (ou gardien), de la hatte située
dans la section de   , commune de   , donne
avis, aujourd'hui   187   au chef de section de
ladite section qu'il a été trouvé hier (ou aujourd'hui) parmi
les animaux de ladite hatte un cheval, sous poil   ,
étampé des lettres   (ou tout autre animal); et ce, en
conformité de l'article 40 du Code rural.

(Signature.)

FORMULE N° 16.

PERMISSION POUR BRULER LES SAVANES D'UNE HATTE.

(Article 44 du Code rural.)

Liberté.   Égalité.

RÉPUBLIQUE D'HAITI·

Il est permis à M   , propriétaire d'une hatte d'animaux, située dans la section d   , commune d   , de brûler les savanes de ladite hatte, en prenant les précautions d'usage.

Délivré le présent à   , le   187

Le chef de section,

FORMULE N° 17.

PROCÈS-VERBAL CONSTATANT LA MORT D'UN ANIMAL FAISANT PARTIE D'UN TROUPEAU, SUR UNE HATTE.

(Article 45 du Code rural.)

Liberté.   Égalité.

RÉPUBLIQUE D'HAITI·

Aujourd'hui, le   187   , an 6   de l'Indépendance;

A la réquisition du citoyen   , propriétaire (ou gardeur) de la hatte située dans la section d   , commune d   ;

Je soussigné, chef de section de ladite section, me suis transporté sur ladite hatte, où étant, le requérant m'a présenté le cadavre d'un cheval (ou d'un bœuf, ou d'un porc, OU DE TOUT AUTRE ANIMAL) sous poil   , portant sur le côté droit (ou le côté gauche, ou TELLE AUTRE PARTIE DU CORPS) pour étampe les lettres   (OU TELLE MARQUE), et m'a déclaré que ledit animal est mort aujourd'hui (ou hier), à   heure du matin (ou de l'après-midi), d'une maladie ordinaire (OU TELLE MALADIE CONTAGIEUSE OU PAR SUITE DE TEL ACCIDENT); de laquelle déclaration je lui ai donné acte.

Après quoi, la partie de la peau ayant l'étampe (ou la marque) ayant été préalablement enlevée et conservée par le requérant pour être produite au propriétaire de l'animal, j'ai fait de suite enterrer le cadavre à trois pieds de profondeur. Et ce fait, j'ai dressé le présent procès-verbal les jour, mois et an susdits, en conformité de l'art. 45 du Code rural.

Le Chef de section,

FORMULE N° 18.

—

PERMIS POUR CONDUIRE DES ANIMAUX D'UNE COMMUNE A UNE
AUTRE COMMUNE.

(Article 49 du Code rural.)

Liberté.   Égalité.

RÉPUBLIQUE D'HAITI.

—

N°

PERMIS. (1)

Il est permis à M   , demeurant à   , commune
d   , d'aller à   , commune d   et d'y
conduire : 1° un cheval, sous poil   , ayant pour étampe,
du côté droit (ou du côté gauche) les lettres   (OU LA
MARQUE......) et qui est en ce moment dans la présente section,
chez ledit   ; 2° un autre cheval, etc.

Ce permis deviendra nul, après quinze jours expirés, à
partir de sa date, qu'il en ait été fait usage ou non.

Délivré le   187

Le Chef de section,

(1) On rappelle ici que d'après l'art. 50 du Code rural, ce permis doit être délivré *gratis*, sur une feuille de papier timbré d'une
gourde; qu'il doit être inscrit sur un registre tenu à cet effet; et
que le porteur doit le faire viser par le commandant de chaque
commune où il passera.

Modèle du Registre.

N^{os} d'ordre.	Dates des permis.	Nom du propriétaire.	Nom du conducteur.	Désignation des animaux.	Lieux de destination.	Obser-vations.

FORMULE N° 19.

—

PROCÈS-VERBAL CONSTATANT L'ARRESTATION D'UN CONDUCTEUR
D'ANIMAUX ET DE SES ANIMAUX, FAUTE DE PERMIS.

(Article 51 du Code rural.)

Liberté.   Égalité.

RÉPUBLIQUE D'HAITI·

Aujourd'hui, le   187   , an 6 de l'Indépendance.

. Je soussigné, chef de section de la section d   , commune d   , ayant rencontré dans ladite section, le
citoyen   conduisant deux chevaux (OU TELS AUTRES
ANIMAUX), l'un sous poil   et portant au côté droit (ou côté
gauche) pour étampe les lettres   (OU LA MARQUE....),
et l'autre, sous poil   et portant, etc. (MÊME INDICA-
TION QUE CI-DESSUS), j'ai demandé au citoyen   de
m'exhiber son permis.

Sur sa déclaration qu'il n'en avait pas, je l'ai mis en état d'arrestation et je l'ai conduit, avec lesdits animaux, pardevant le juge de paix de la commune (A) où je l'ai délaissé ainsi que lesdits animaux ; de tout quoi, j'ai dressé le présent procès-verbal pour constater l'accomplissement desdites formalité et arrestation, en conformité de l'article 51 du Code rural.

Le Chef de section,

(A.) S'il y avait un poste plus voisin que la demeure du juge de paix, le chef de section pourrait y conduire les animaux et leur conducteur, en requérant le chef de poste de les faire mener devant le juge de paix ; et cela dans les termes suivants :

Et je l'ai, de suite, conduit au poste voisin, avec les animaux ; et je les y ai délaissés sous la responsabilité du chef de poste que j'ai requis de les faire mener sans retard devant le juge de paix de la commune.

(Signature.)

NOTA. — L'article 55 du Code rural prescrit aux officiers de police rurale de donner avis aux commandants de communes des réparations à une route ou à un chemin public.

Voici en quels termes cet avis peut être donné :

Section de   , le   187   .

Le soussigné, chef de ladite section, donne avis au commandant de la commune d   qu'il est nécessaire de faire des réparations à la route (*ou* au chemin) qui conduit de à   dans les parties de ladite route qui longent la propriété de M

Le Chef de section,

(Signature.)

FORMULE N° 20.

—

PROCÈS-VERBAL CONSTATANT QUE LES INDICATIONS DU PERMIS NE SONT PAS D'ACCORD AVEC LE NOMBRE ET LES SIGNALEMENTS DES ANIMAUX CONDUITS.

(Article 51 du Code rural.)

Liberté.   Égalité

RÉPUBLIQUE D'HAITI·

—

Aujourd'hui, le   187   , an 6 de l'Indépendance;
Je soussigné, chef de section de la section d   , commune d   , ayant rencontré dans ladite section le citoyen   conduisant (INDIQUER ICI LA NATURE, LA QUANTITÉ, LES ÉTAMPES ET AUTRES MARQUES DE SIGNALEMENTS DES ANIMAUX), j'ai sommé ledit citoyen   de me produire son permis de route, ce qu'il a fait. Après avoir examiné les énonciations dudit permis, j'ai constaté (INDIQUER ICI LE DÉSACCORD, C'EST-A-DIRE, SI LE NOMBRE DES ANIMAUX DIFFÈRE DU NOMBRE PORTÉ SUR LE PERMIS; SI C'EST LA NATURE OU LES ÉTAMPES QUI SONT DIFFÉRENTES, etc.).

En conséquence de ces différences que ledit citoyen   n'a pu justifier, je l'ai mis en état d'arrestation, et je l'ai de suite conduit (CONTINUER COMME DANS LE PROCÈS-VERBAL QUI PRÉCÈDE).

Le chef de section,

NOTA. — Le chef de section peut ne pas conduire lui-même l'individu arrêté; il peut le faire conduire par un garde-champêtre; mais dans ce cas, il dresse le procès-verbal et le remet au garde-champêtre pour être transmis au juge de paix.

FORMULE N° 21.

AVIS DONNÉ AU CONSEIL COMMUNAL PAR LE COMMANDANT DE PLACE OU DE COMMUNE, DE L'EXÉCUTION DES TRAVAUX DE RÉPARATIONS D'UNE ROUTE PUBLIQUE.

(Article 57 et 58 du Code rural.)

Liberté.   Égalité.

RÉPUBLIQUE D'HAITI.

Le Commandant de la commune d

Informe le conseil communal de la dite commune, qu'en vertu de l'autorisation du Secrétaire d'Etat de l'intérieur et de l'agriculture, il sera, sous la surveillance du soussigné, exécuté, prochainement des travaux de réparations à la route publique qui conduit de cette commune à celle de

Le présent avis est ainsi donné en conformité de l'article 58 du Code rural.

A   , le   187   .

Le Commandant de la commune,

FORMULE N° 22.

—

PROCÈS-VERBAL CONSTATANT LE REFUS D'UN CULTIVATEUR DE CONCOURIR AUX TRAVAUX DES RÉPARATIONS D'UNE ROUTE PUBLIQUE OU D'UN CHEMIN PARTICULIER.

(Article 59 du Code rural.)

Liberté.   Égalité.

RÉPUBLIQUE D'HAITI.

—

L'an mil-huit cent soixante...., an 6   de l'Indépendance, le   ;

Je soussigné, chef de section de la section d   , commune d   , certifie qu'ayant désigné et requis le citoyen   (ou les citoyens   ), cultivateur, demeurant sur l'habitation d   , sise dans cette section, pour fournir des journées de travail à la réparation de la route publique qui conduit de   à   , (ou du chemin particulier etc.) ledit citoyen   (ou lesdits citoyens   ) ne s'est pas rendu au lieu désigné pour la réunion des travailleurs commandés ;

En conséquence, j'ai constaté son absence, et j'ai dressé le présent procès-verbal pour être expédié au juge de paix de la commune, afin qu'il soit procédé contre lui conformément à l'article 59 du Code rural. Dont acte.

Le Chef de section,

FORMULE N° 23.

—

RÉQUISITION DE CABROUETS OU TOMBEREAUX POUR LES TRA-
VAUX DE RÉPARATIONS DE ROUTES PUBLIQUES OU PARTICU-
LIÈRES.

(Articles 61 et 62 du Code rural.)

Liberté.   Égalité.

RÉPUBLIQUE D'HAITI.

—

Aujourd'hui, le   186   , an 6 de l'Indépendance.

Je soussigné, chef de section de la section d
      , commune d   , ai requis M.
propriétaire de l'habitation de   , sise en cette section,
de fournir un des cabrouets ou tombereaux à lui appartenant
pour être employé aux travaux de réparations de la route publique qui conduit de   à   (ou du chemin particulier de communication vicinale qui conduit de   à
        ), dans la proportion d'une journée par chaque
cabrouet ou tombereau, et chaque semaine jusqu'à l'achève-
ment des travaux ; et ce, en vertu des ordres de l'autorité
supérieure et en conformité de l'article 61 du Code rural ; si
mieux n'aime toutefois M   remplacer la fourniture
requise par quatre bêtes de charge ou par le payement de
trente gourdes en monnaie nationale, aux termes de l'article
62 du même code.

Fait et signifié à M   les jour, mois et an susdits.

Le Chef de section,

NOTA. — Le chef de section doit dresser l'acte de réquisition
ci-dessus en double; il garde l'un de ces doubles et envoie
l'autre par un gendarme au propriétaire désigné.

FORMULE N° 24.

—

RAPPORT D'INSPECTION GÉNÉRALE, ADRESSÉ AU PRÉSIDENT D'HAÏTI,
PAR LE COMMANDANT D'UN ARRONDISSEMENT, EN CONFORMITÉ
DE L'ARTICLE 69 DU CODE RURAL (1).

Liberté.   Égalité.

RÉPUBLIQUE D'HAITI.

—

RAPPORT D'INSPECTION GÉNÉRALE.

(Arrondissement de   1ᵉʳ semestre de 186 .)

—

A Son Excellence le Président d'Haïti.

Président,

Je viens de terminer la première des deux inspections géné-

(1) NOTA. — La formule qui est donnée ici ne comprend que
les indications prescrites par l'article 70 du Code rural; le rapport d'un commandant d'arrondissement peut contenir une

rales, prescrites par l'article 69 du Code rural à tout commandant d'arrondissement,

J'ai l'honneur de vous en adresser le présent rapport détaillé.

Parti de ma résidence, le 10 mai   , accompagné de **MM.**   , je suis rentré le 29 du même mois, après avoir visité successivement toutes les sections rurales des communes composant l'arrondissement de   , dont vous m'avez confié le commandement.

Ces communes, au nombre de trois, comprennent ensemble treize sections rurales réparties comme il suit :

> Commune de....... 6 sections rurales.
> Commune de....... 4 sections rurales.
> Commune de....... 3 sections rurales.

1° COMMUNE DE....,

Dans cette commune, la plus importante de l'arrondissement et par le nombre de ses sections, et par celui de sa population, et par le développement des cultures, — il existe huit habitations cultivées ; et six habitations non cultivées, plus de nombreux jardins de culture secondaire.

La première section comprend trois habitations cultivées et deux habitations non cultivées.

La deuxième section comprend.... etc., etc., etc.

Les cultures des habitations ⎸exploitées consistent principa-

foule d'autres indications et des renseignements spéciaux qu'il est difficile de prévoir et d'énoncer dans une seule formule. Notre formule ne doit être considérée que comme un cadre général où pourront trouver place toutes les observations qu'un commandant d'arrondissement jugera à propos de porter à la connaissance du Chef d'Etat et du Secrétaire d'Etat de l'intérieur et de l'agriculture. Aux termes du 2ᵉ paragraphe de l'article 69 du Code rural, le rapport semestriel dont il s'agit doit être adressé aussi au Secrétaire d'Etat de l'intérieur et de l'agriculture.

Il n'est pas besoin de faire remarquer que les dates et les nombres portés dans la formule sont supposés et doivent être remplacés dans le rapport par les dates et les nombres réels.

lement en champs de cannes, en cotons et en jardins de vivres, maïs, petit mil, bananes et racines potagères, etc., etc.

Ces cultures m'ont paru être généralement en voie de progrès ; les champs de cannes et de coton bien nettoyés et abondamment arrosés ; les jardins bien nettoyés, et presque tous pourvus d'entourages en assez bon état.

(Ou BIEN :) en voie de dépérissement. Les causes de dépérissement sont d'abord l'infécondité naturelle du sol qui n'est presque pas arrosé, et en second lieu l'incurie et l'ignorance des propriétaires ou possesseurs, etc. — La première cause est sans remède ; les pluies, en quantité suffisante, peuvent seules l'atténuer ; quant à la seconde cause l'instruction distribuée aux cultivateurs, en leur apprenant que le travail est la seule source honnête du bien-être, la fera disparaître ; une surveillance active, en assurant, d'un autre côté, au travailleur le prix de son labeur, le fera peut-être sortir de son incurie et lui inspirera le goût du travail.

Les chemins publics qui conduisaient de cette commune aux autres communes limitrophes sont en assez bon état (ou BIEN :) tel chemin qui conduit — de tel endroit à tel autre endroit — est en mauvais état : des ordres seront donnés pour la réparation ; les travaux, en raison de leur importance, seront préalablement réglés et soumis à l'approbation de M. le Secrétaire d'Etat de l'Intérieur ou de l'Agriculture. — Ou : des ordres seront donnés pour qu'il soit réparé sans retard attendu que les travaux sont peu importants.

J'ai constaté que les chemins particuliers d'exploitation ou de communication vicinale sont presque tous en mauvais état ; en conséquence, j'ai visité les propriétaires et fermiers des habitations qui se servent habituellement de ces chemins et je les ai invités à en faire faire les réparations en conformité de l'article 54 du Code rural. De plus j'ai recommandé au commandant de la commune de déterminer le tracé des travaux et d'en surveiller l'exécution, selon la prescription de l'article 56 du Code rural.

Sɪ ᴅᴀɴs ʟᴀ ᴄᴏᴍᴍᴜɴᴇ ɪʟ ᴇxɪsᴛᴇ ᴅᴇs ᴄᴏᴜʀs ᴅ'ᴇᴀᴜ, ᴅɪɢᴜᴇs ᴇᴛ ᴄᴀɴᴀᴜx, ʟᴇ ʀᴀᴘᴘᴏʀᴛ ᴅᴏɪᴛ ʟᴇs ᴍᴇɴᴛɪᴏɴɴᴇʀ ᴇɴ ɪɴᴅɪǫᴜᴀɴᴛ ʟᴇᴜʀ Éᴛᴀᴛ; ᴘᴀʀ ᴇxᴇᴍᴘʟᴇ, ᴇɴ ᴄᴇs ᴛᴇʀᴍᴇs : — « J'ai visité le cours d'eau qui traverse cette commune et qui dans son parcours fournit des eaux d'irrigation aux habitations (ᴛᴇʟʟᴇ ᴇᴛ ᴛᴇʟʟᴇ); j'ai trouvé que les digues et canaux sont en assez bon état, mais que s'ils étaient encore mieux entretenus, les propriétaires en retireraient de plus grands avantages pour la fertilité de leurs terres. C'est pourquoi j'ai réuni lesdits propriétaires sur l'habitation   , sise dans la section de   , et dans une allocution, je leur ai fait comprendre qu'il était de leur intérêt personnel de tenir dans le meilleur état possible et les cours d'eau qui arrosent et fertilisent leurs terres, et les chemins qui servent au transport des produits ; je leur ai expliqué que les réparations des chemins particuliers et l'entretien des cours d'eau et des digues devaient être pour eux un objet de préoccupation constante; car le bon état des chemins et des cours d'eau contribue puissamment au développement de l'agriculture et de la prospérité de chaque domaine ; que c'est pour ces motifs que la loi a mis à la charge de ceux qui en profitent surtout, les dépenses de cet entretien, etc., etc., etc.)

Considérée dans son ensemble, la situation des travaux dans la commune de   laisse peut-être baucoup à désirer, si l'on veut comparer les portions de terre cultivées à la portion non cultivée, car celle-ci est hors de proposition avec les premières. Mais il est vrai que pour bien apprécier la situation générale des travaux d'une commune il ne faut pas seulement considérer la quantité de carreaux de terre cultivés, il faut aussi tenir compte de l'importance de la population valide. C'est ce que j'ai fait en formulant l'appréciation que je signale à Votre Excellence.

ÉTAT MORAL, BIEN-ÊTRE ET BESOINS DE LA POPULATION.

L'état moral de la population est comme la situation des travaux : il a été déjà fait beaucoup, depuis surtout que le gouvernement du 22 Décembre a entrepris de répandre gratuitement et libéralement l'instruction parmi les populations des campagnes ; mais il ne faut pas se le dissimuler, il reste encore beaucoup à faire pour que l'état moral de cette classe du peuple, si digne d'intérêt, soit relativement au niveau des lumières du siècle au milieu duquel nous vivons.

En général, nos cultivateurs ne manquent pas d'intelligence, mais cette intelligence semble sommeiller sous l'ardeur des rayons solaires qui fécondent le sol. L'instruction sera pour eux ce que sont les pluies salutaires qui développent et font germer cette fécondité.

Deux écoles de garçons et une école de filles ont été créées dans cette commune ; elles fonctionnent depuis deux ou trois années seulement ; et déjà on peut affirmer qu'elles ont puissamment contribué à l'amélioration des mœurs. Il est à désirer que les parents comprennent que c'est pour eux un devoir sacré de procurer de l'instruction à leurs enfants ; c'est surtout de l'accomplissement de ce devoir que je m'efforce de les pénétrer dans mes tournées dans l'étendue de mon commandement.

Mais, Président, vous l'avez compris depuis longtemps, l'ennemi le plus redoutable du progrès moral dans les campagnes, c'est la superstition et ses funestes pratiques.

La présence de cet ennemi s'est plus d'une fois révélé dans la commune de   . Toutes les fois que je le rencontrerai dans les limites de mon commandement, je m'efforcerai de le combattre efficacement par tous les moyens que me donnent la loi et l'autorité dont je suis revêtu ; en cela, je ne ferai que me conformer aux instructions antérieures que j'ai reçues de Votre Exellence.

Les besoins de la population de cette commune, sous le rapport moral, se résument en deux mots : instruction et religion.

Il n'existe pas encore d'église dans la commune, mais si les ministres du culte catholique (qui est celui de la population), y faisaient de fréquentes visites et y répandaient les saines doctrines du christianisme, la religion venant ainsi en aide à l'intruction laïque, la moralisation des masses serait assurée et ne serait plus qu'une affaire de temps.

Quant au bien être matériel, j'ai cherché dans mes entretiens à faire comprendre aux cultivateurs qu'il dépend surtout d'eux-mêmes d'acquérir le bien-être pour eux et leur famille ; qu'ils doivent le demander à un travail constant et assidu ; que l'homme, et surtout l'homme libre, —LE CITOYEN — ne doit pas se contenter de travailler uniquement pour vivre, mais aussi pour conquérir une position honorable dans la société, se prémunir contre les maladies, s'assurer le repos et des loisirs dans la vieillesse et assurer en même temps l'avenir de sa famille.

Je dois, en terminant ce rapport, dire un mot de l'exécution des lois. On se plaint ici, comme ailleurs, que les lois ne sont pas observées ; mais il faut le reconnaître, la plus grande partie des lois qui composent la législation du pays, sont ignorées des habitants des campagnes. Cette ignorance déplorable provient surtout de la négligence des autorités rurales auxquelles est confié le soin de faire publier et afficher les lois, lors de leur promulgation. Cette ignorance a aussi pour causes le défaut d'instruction des populations rurales, et le très petit nombre d'exemplaires des lois répandus dans les campagnes. Signaler ces causes, c'est en indiquer le remède.

2° COMMUNE DE ......

La plupart des observations et des renseignements que je

viens de consigner sur la commune de   et ses habitants peuvent s'appliquer aussi à la commune de
et à sa population. Mais pour que ce rapport soit aussi détaillé et complet que possible, je vais consigner ici les différences que j'ai remarquées et les indications particulières à cette seconde commune.

. . . .

3° COMMUNE DE......

(Mêmes observations, indications et renseignements que ci-dessus, en tant seulement qu'on pourra le faire pour cette dernière commune.

Puis consigner pareillement tout ce qui la concerne particulièrement et qui peut être intéressant à faire savoir soit au Chef de l'Etat, soit au Sécrétaire d'Etat de l'Intérieur et de l'Agriculture.)

Puis, le rapport peut être terminé en ces termes :

Tel est, Président, le rapport détaillé de ma première tournée dans les trois communes de l'arrondissement de.....

Je m'empresse de mettre ce rapport sous les yeux de Votre Excellence ; et je serai heureux d'apprendre qu'Elle a bien voulu y donner son approbation.

Fait à   , le   18   .

(Signature.)

NOTA. — Le rapport est adressé au Président d'Haïti avec une lettre d'envoi.

Nous répétons encore ici que nous n'avons pas eu la prétention, en publiant la formule qui précède, d'offrir à MM. les commandants d'arrondissement *un modèle de rapport*, mais un simple cadre comprenant les principales indications prescrites par l'article 70 du Code rural. Messieurs les commandants d'arrondissement sauront certainement suppléer aux minutieux détails qui ne se trouvent pas dans ce cadre.

— UNE DERNIÈRE OBSERVATION : — Il serait bon, si le rapport est fait à l'approche de la récolte, d'indiquer si la récolte sera bonne, médiocre ou mauvaise, et si elle sera supérieure ou non à la récolte précédente.

FORMULE N° 25.

RAPPORT ADRESSÉ AU COMMANDANT D'UN ARRONDISSEMENT PAR LE COMMANDANT D'UNE COMMUNE, A LA SUITE DES TOURNÉES PRESCRITES PAR L'ARTICLE 73 DU CODE RURAL.

(Articles 73 et 74 du Code rural.)

Liberté   Égalité.

RÉPUBLIQUE D'HAITI.

Au Général   *, commandant l'arrondissement de*

Général,

Je viens de faire ma tournée dans toutes les sections rurales qui se trouvent dans l'étendue de mon commandement; cette journée est la première des trois qui sont prescrites par l'article 73 du Code rural. J'ai l'honneur de vous en adresser, sans retard, un rapport détaillé, en conformité de l'article 74 du même Code.

La commune de   , dont le Président d'Haïti m'a confié le commandement, est divisée en cinq sections rurales.

Ma première observation aura précisément pour objet cette division. L'une de ces trois sections est tellement étendue, que deux officiers de police (un chef de section ou un sous-chef) ne suffisent pas pour y exercer une surveillance efficace. Il faudrait ou faire une division nouvelle ou adjoindre au chef de section de la section n° 5 deux sous-chefs de section et un ou deux gendarmes en plus que le nombre réglementaire.

Dans un rapport spécial je reviendrai sur cette division, et je vous fournirai tous les renseignements nécessaires pour en appuyer la demande près de l'autorité supérieure.

Avant de vous rendre compte de mon inspection dans chaque section, je crois utile de vous faire connaître d'abord la situation générale de la commune.

Sous presque tous les rapports, cette situation est assez satisfaisante.

La quantité d'habitations cultivées est de   et celle des habitations non cultivées est de   .

Les cultures sont de diverses natures : les principales sont celles de café et de coton ; quelques portions de terre sont en cannes.

Les moulins à cannes sont au nombre de....

On en compte..... pour le coton.

Les cultures secondaires, exploitées en jardins, consistent en bananes, maïs, petit mil, patates, ignames et autres racines.

Il y a progrès dans les défrichements ; le nombre des jardins augmente chaque année ; mais, par contre, il y en a aussi, chaque année, qui sont abandonnés. Ces abandons ont le plus souvent pour causes l'inconstance du caractère des exploitants, l'instabilité des liens de famille, l'espoir de trouver plus de fécondité dans un sol vierge, le peu de valeur des cases qui servent d'abris et la facilité d'en construire de nouvelles, quelquefois l'intention d'échapper à la surveillance de l'autorité, aux charges de l'État ou à des engagements privés.

La dissémination de la population agricole, la configuration montagneuse et le BOISEMENT du pays, le petit nombre des voies de communication intérieure facilitent merveilleusement cette classe nombreuse de cultivateurs nomades, et constituent le plus grand obstacle à la surveillance et à l'action répressive de l'autorité.

(SI DANS L'ÉTAT GÉNÉRAL DES CULTURES DE LA COMMUNE, IL Y AVAIT DÉPÉRISSEMENT AU LIEU DE PROGRÈS, EN SIGNALANT LE DÉPÉRISSEMENT, IL FAUDRAIT EN EXPOSER LES CAUSES. Par exemple : Indiquer si ces causes proviennent de l'appauvrissement du sol ; du mode vicieux de la culture, ou de la paresse, ou de l'incurie des cultivateurs. — Indiquer en même temps les moyens les plus convenables pour détruire les causes).

Les routes publiques et les chemins particuliers réclament, dans certaines parties, des réparations. En raison du peu d'importance des travaux à faire, j'en ai déterminé le tracé, selon la prescription de l'article 56 du Code rural. Après avis donné au conseil communal, je ferai commencer ces travaux et j'en surveillerai l'exécution dont il vous sera rendu compte, ainsi que du montant des dépenses.

J'ai visité les cours d'eau et les canaux d'arrosement; j'ai noté quelques travaux à faire pour les maintenir en bon état; et je me propose, avec le concours des propriétaires riverains et des autres intéressés, de faire exécuter ces travaux sans retard.

A cette occasion, j'ai rappelé à ces propriétaires et aux parties intéressées qu'aux termes de l'article 17 du Code rural les dépenses de réparations et d'entretien des cours d'eau et des canaux dont ils profitent sont à leur charge, et qu'il leur est facultatif d'y concourir soit par des prestations en nature, soit par des prestations en argent.

Je leur ai rappelé en même temps que c'est aussi à ceux qui se servent des chemins particuliers pour l'exploitation de leurs habitations ou de leurs jardins, à les entretenir et à les réparer à leurs frais avec la même faculté de prestations en nature ou en argent; et que, dans les deux cas ci-dessus, l'action de l'autorité est de pure surveillance et n'a pour but que de faire exécuter les dispositions de la loi.

L'ordre et l'assiduité dans les travaux, ainsi que la discipline parmi les travailleurs, ont été généralement maintenus; les délits et les crimes commis contre les personnes et les propriétés sont rares. Je m'efforce surtout de réprimer le vagabondage, la mendicité et le vol; et je recommande aux agents sous mes ordres de redoubler de surveillance à

cet égard, et d'exécuter sévèrement les dispositions préventives des lois qui ont pour objet la sécurité des habitants et
la protection des propriétés et des cultures.

L'état sanitaire de la population est bon ; il y a tout lieu
de supposer que le chiffre des naissances est supérieur,
chaque année, à celui des décès ; mais tant qu'un recen-
sement général et exact des habitants n'aura pas été fait
dans chaque section, il sera toujours difficile de rien affirmer
positivement sur cette partie, si intéressante à connaître, de
notre situation intérieure. Les chefs de section, qui sont
aujourd'hui assez libéralement rétribués, pourraient facilement faire un relevé des habitants par section.

Il n'existe pour toutes les sections de la commune qu'une
seule école pour les enfants des deux sexes ; peut-être serait-
il bon, si la population augmente d'une manière sensible et
si les parents se montrent plus disposés à envoyer leurs enfants à l'école, de créer un second établissement qui serait
alors destiné à recevoir les filles qui seraient ainsi séparées
des jeunes garçons ; la dépense serait plus onéreuse pour
l'Etat, mais la morale y gagnerait.

(Si, au contraire, il y a déjà deux écoles dans la commune,
il faut le dire et constater leur état respectif.)

L'Eglise est dans un état pitoyable, ou, pour mieux dire,
il n'y a pas d'Eglise, le local où les fidèles se réunissent ne
méritant pas ce nom. L'un des vœux les plus vifs de la population serait de posséder un temple convenable. Je sais que
les charges de l'Eglise sont considérables et que beaucoup
d'autres communes sont dans le même cas ; aussi est-ce plutôt pour remplir mon devoir que je signale ce vœu, que dans
l'espoir de le voir se réaliser immédiatement.

Le bureau de la commune, le local affecté au conseil communal et la prison exigent certaines réparations dont j'aurai
l'honneur de vous soumettre le détail et l'importance dans
un rapport spécial à chacun de ces immeubles.

Telle est la situation générale de la commune.

J'ai consacré les journées des 21 et 22 du courant à visiter la section   , j'ai parcouru les diverses propriétés cultivées qui s'y trouvent, au nombre de   , j'ai constaté que les jardins de denrées et de vivres sont en grande partie entourés, entretenus et nettoyés avec soin; que les cultures sont variées et consistent principalement en vivres; que les denrées pour l'exportation y sont en moindre quantité, mais que des plantations nouvelles de coton y ont été récemment faites.

Il y a tout lieu d'espérer que les prochaines récoltes seront abondantes.

Sur chaque habitation de quelque importance j'ai fait assembler les cultivateurs et les travailleurs : je leur ai expliqué quelques-unes des dispositions du nouveau Code rural; j'ai cherché à leur faire bien comprendre que sans travail, sans ordre, sans discipline, il n'y a point de prospérité possible ni pour eux individuellement et pour leur famille, ni pour le pays; que plus Haïti produira de vivres et de denrées, plus assurés seront notre bien-être et notre indépendance; j'ai insisté surtout sur les soins à donner à la culture du café et à celle du coton, sur la préparation de ces denrées qui sont les principales ressources de la nation; je leur ai aussi démontré qu'une mauvaise préparation et les fraudes tourneront à leur désavantage; enfin je les ai engagés à faire de leur café deux lots, dont un composé des meilleurs grains et le second des graines inférieures, en leur donnant l'assurance qu'ils trouveront à vendre les deux lots pour un meilleur prix, etc., etc.

Ensuite je les ai invités à me faire connaître leurs vœux, leurs besoins, à me présenter leurs réclamations et leurs plaintes respectives. J'ai réussi à mettre fin à plusieurs différends en conciliant les parties, à l'amiable et par des conseils purement officieux. Ceux qui ont résisté à mon intervention officieuse et à mes exhortations, je les ai renvoyés porter leurs griefs devant les tribunaux compétents.

Quand à leurs vœux et à leurs besoins, je les ai déjà

exposés : ce sont l'édification d'une église, la création d'une école, la réparation des chemins, etc.

J'ai quitté la section de   ,je suis entré dans celle de   le   et j'y ai séjourné le 23 et le 24.

(Le commandant de commune exposera simplement, et dans le sens indiqué ci-dessus, l'état particulier de chacune des sections comprises dans sa commune; puis il terminera son rapport dans les termes suivants :)

Tel est le rapport détaillé que j'ai adressé de ma première tournée de la présente année, dans toutes les sections de la commune confiée à mon commandement, que j'ai l'honneur de vous expédier sans retard, en conformité des articles 73 et 74 du Code rural.

(Signature.)

FORMULE N° 26.

—

RAPPORT MENSUEL ADRESSÉ PAR UN CHEF DE SECTION, AU COM-
MANDANT D'UNE COMMUNE.

(Article 88 du Code rural.)

—

Section de   , commune de   , le

Au colonel (1)   , *commandant de la commune de*
     Colonel,

Je viens de terminer ma première tournée mensuelle dans la section dont la surveillance m'a été confiée; en conformité

(1) Ou adjudant général, ou général, selon le grade.

l'article 88 du Code rural, j'ai l'honneur de vous adresser le présent rapport détaillé de la situation morale et matérielle de cette section. Une copie certifiée en est adressée au conseil communal.

En attendant qu'un relevé exact, par habitation, soit fait de la population de la section, je crois pouvoir, d'après mes renseignements, en fixer approximativement le nombre à. . . . âmes, tout compris, vieillards, femmes et enfants.

Il existe deux (ou un plus grand nombre) habitations de grande culture qui appartienent aux citoyens
qui les exploitent eux-mêmes (ou qui les font exploiter par des fermiers ou des gérants).

L'une de ces habitations est principalement cultivée en cannes ; l'autre en cafés ; sur toutes les deux il existe des plantations de coton sur un ensemble de   carreaux.

Toutes ces cultures sont bien entretenues et en plein rapport (ou bien, s'il y a dépérissement, le constater en indiquant les causes).

L'atelier de l'habitation sucrière se compose d'environ   travailleurs. Les usines sont aussi en bon état et fonctionnent bien.

A mon arrivée sur cette habitation, j'en ai réuni les cultivateurs et travailleurs (1), en présence du propriétaire (ou du fermier, ou du gérant), et je lui ai expliqué les vues du Gouvernement et sa sollicitude pour l'agriculture ; la nécessité

---

(1) Le code rural de 1826 avait consacré l'expression *atelier* pour désigner les cultivateurs et les travailleurs d'une grande habitation. Le nouveau code a rejeté cette expression, et bien il a fait, car elle est d'origine coloniale. Les colons qui ne voulaient pas reconnaître des *personnes* dans les descendants dè la race africaine s'en servaient pour désigner le personnel de leurs habitations. Nous savons que le mot atelier, qui désigne communément le lieu de travail pour les artistes et les ouvriers, s'applique, dans la langue française, par extension, à la réunion de ceux qui travaillent dans un atelier ; mais en France on n'y a jamais attaché, comme autrefois dans les colonies, un autre sens que celui qu'il exprime.

pour chaque habitant de travailler, de maintenir le bon ordre et d'observer la discipline et les prescriptions du nouveau Code rural qui a pour but essentiel de protéger les bons cultivateurs, de réprimer le vagabondage et le désordre et de développer le bien-être de chacun en même temps que la prospérité générale. J'ai recommandé d'entretenir et de soigner les plantations nutritives.

J'ai fait les mêmes observations et recommandations sur toutes les propriétés de la section que j'ai successivement visitées, les unes après les autres, pendant ma tournée qui a duré cinq jours (nombre supposé à remplacer par le nombre réel).

J'ai compté   petites propriétés ou jardins, exploitées en denrées et vivres. J'ai recommandé aux cultivateurs de se livrer de préférence à la culture des vivres de terre qui sont moins exposés à la destruction par la sécheresse et les grands vents, sans pour cela négliger celle des bananiers et des grains; de ne fouiller les vivres de terre qu'au fur et à mesure des besoins et après préparation de la récolte de l'année suivante, afin d'éviter les disettes et de maintenir l'abondance.

Je me suis efforcé de faire comprendre à tous ceux qui cultivent plus particulièrement des denrées destinées à l'exportation qu'il est de leur intérêt de les soigner sur pied, et surtout de les préparer avec la plus grande propreté, d'en rejeter les pierres, la poussière, et les autres matières étrangères, et de former deux sortes, l'une composée de tous les grains de belle qualité et bien mûrs, et la seconde, des grains inférieurs, noirs et cassés : leur expliquant qu'ils trouveraient leur profit et des prix plus élevés, en adoptant cette méthode de préparation; car les spéculateurs et les négociants exportateurs fixent les prix selon la qualité et en raison du poids des matières étrangères mêlées avec les grains de cafés, et qu'en définitive, les producteurs, les cultivateurs seuls supportent la dépréciation résultant de leur propre négligence et de leur défaut de soin. En un mot, je leur ai démontré qu'un seul sac de beau café sera toujours payé relativement plus cher que deux sacs de café mal préparé et frauduleusement mélangé.

A propos des fraudes, je les ai de plus prévenus que désormais ces fraudes, en vertu des prescriptions du nouveau code rural, seront l'objet d'une surveillance rigoureuse et punies sévèrement.

Tous les cultivateurs, auxquels j'ai fait entendre ces paroles, m'ont paru en comprendre l'importance, et je suis convaincu que si tous les officiers de la police rurale, dans chaque section, tenaient la main avec vigueur à l'exécution de la loi et des instructions supérieures, comme je suis résolu à le faire dans ma section, avant longtemps on s'apercevrait d'une amélioration considérable dans la préparation de nos denrées d'exportation.

Dans mes remontrances je n'ai point oublié la culture et la préparation du coton, les soins à y apporter, et les fraudes préjudiciables qui se pratiquent.

J'ai trouvé presque tous les jardins et les petites propriétés bien cultivés ; les entourages en assez bon état ; les cours d'eau bien entretenus.

J'applique avec la plus grande rigueur les prescriptions du code contre les vagabonds, les gens sans aveu et les oisifs mendiants, ainsi que contre les pratiques superstitieuses, et les danses pendant les jours ouvrables. Aussi je puis affirmer que dans la section la population est laborieuse et tranquille ; les vols, les larcins et les autres délits contre la propriété y sont rares.

L'état moral et sanitaire est satisfaisant.

(S'IL Y A UNE ÉCOLE, IL FAUT RENDRE COMPTE ICI DU NOMBRE DES ÉLÈVES, DE LEUR DEGRÉ D'INSTRUCTION, etc.)

Du 1ᵉʳ au 30 du mois dernier les décès déclarés, et pour lesquels j'ai délivré des permis d'inhumation se sont élevés à...... (INDIQUER LE NOMBRE).

J'ai constaté, dans le cours du même mois,.... (LE NOMBRE) de naissances.

Dans mes fréquentes visites de semaines, j'ai soin d'insister auprès des habitants pour les porter à ne pas négliger les declarations de naissances et de décès prescrites par la loi.

J'ai reçu quelques réclamations et plusieurs plaintes, sans gravité ; j'ai eu la satisfaction de concilier les parties à l'amiable, tout en les prévenant que si mes décisions ne leur convenaient pas, elles avaient le droit de se pourvoir devant l'autorité compétente.

Je termine le présent rapport en constatant que je n'ai aucune négligence ni aucune infraction dans l'accomplissement de leurs devoirs, à reprocher aux agents placés sous mes ordres.

Je vous salue, etc.

Le Chef de section de

(1) Nous ferons observer que dans ce modèle de rapport nous avons supposé une situation satisfaisante sur tous les points qu'il mentionne, mais il doit être bien entendu que, dans le cas contraire sur l'un ou plusieurs de ces points, il faudrait alors constater ce qui est réellement; par exemple, le dépérissement des cultures, le mauvais état des clôtures, des chemins, des canaux, etc., l'incurie des habitants, leur négligence dans la préparation des denrées, etc..., enfin les faits particuliers, les accidents et tout ce qui s'est passé de remarquable dans la section pendant le mois.

Les rapports des commandants d'arrondissement doivent embrasser un ensemble de faits généraux, ceux des commandants de communes comprennent les mêmes faits dans un cadre plus restreint, mais néanmoins détaillés; ceux des chefs de section doivent être les plus circonstanciés, ils doivent contenir tous les détails de leur surveillance.

Nous n'avons mentionné dans les modèles ci-dessus que les objets sujets à rapport d'après les prescriptions du code; mais ces prescriptions sont démonstratives plutôt que restrictives. Il y a en dehors des prévisions du code une foule de circonstances que les commandants d'arrondissement et de commune, ainsi que les chefs de section, devront relater dans leurs rapports.

FORMULE N° 27.

PERMIS D'INHUMATION, DÉLIVRÉ PAR UN CHEF DE SECTION (1).

(Article 120 du Code rural.)

Je soussigné, chef de section de la section de commune de   , vu le certificat de l'officier de l'état de ladite commune, constatant que la déclaration prescrite par la loi a été faite sous la date du   ;

Autorise l'inhumation dans le cimetière de la commune du corps (INDIQUER LES NOMS ET PRÉNOMS), habitant de la section, décédé le

Délivré au bureau de ladite section sur la réquisition du citoyen   PARENT OU AMI DU DÉFUNT, le 186 , an

Le Chef de section,

(1) Il n'est pas inutile de rappeler ici aux chefs de section qu'ils n'ont pas le droit d'autoriser que les inhumations soient faites ailleurs que dans le cimetière. C'est au conseil communal qu'a été exclusivement réservée la faculté de délivrer de pareilles autorisations.

FORMULE N° 28.

—

RAPPORT ADRESSÉ PAR UN CONSEIL D'AGRICULTURE AU CONSEIL
COMMUNAL.

(Articles 105 et 106 du Code rural.)

RAPPORT.

—

Le Conseil d'agriculture de la commune de
arrondissement de   , réuni au greffe du tribunal de paix de ladite commune (ou dans la salle des
séances du Conseil communal de la dite commune), à laquelle
réunion étaient présents tous les membres, savoir :
MM. .   .   .   .
A l'effet de délibérer sur les divers objets qui sont dans les
attributions du Conseil, aux termes des articles 105 et 106 du
Code rural, et qui concernent la commune de
Avant d'ouvrir ses délibérations, le Conseil, à la majorité
des voix   , a élu le citoyen   , l'un de ses membres,
pour présider la séance, et a designé aussi, par la voie du
sort, le citoyen   pour remplir les fonctions
de secrétaire.
Ce fait, et après examen des diverses questions sur lesquelles son attention a été successivement fixée par plusieurs
de ses membres, et après avoir délibéré, le Conseil a dé-
cidé que ses vœux et ses observations seront exprimés dans le
présent rapport comme il suit, lequel sera adressé au Conseil
communal pour être transmis au Secrétaire d'État de l'intérieur et de l'agriculture.

1° Le Conseil d'agriculture de la commune de   ,
au nom de tous les habitants de cette commune, dont il est
certain de rendre fidèlement le sentiment général, exprime
hautement leur gratitude envers le gouvernement du 22 décembre pour les efforts qu'il n'a cessé de faire pour encourager l'agriculture et protéger les travaux agricoles; la promulgation du Code rural, dû à l'initiative de ce gouvernement,
est un véritable bienfait pour les populations laborieuses des
campagnes.

2° Il promet de veiller constamment à ce que les dispositions de ce nouveau code ainsi que des lois et règlements
concernant l'agriculture et la police des campagnes soient
fidèlement observées et exécutées dans la commune de   .

3° Il exprime le vœu que, pour encourager la culture du
coton dans cette commune, il soit placé au chef-lieu, un moulin à égrener le coton, dont puissent se servir gratuitement
ceux qui s'y livrent à la culture de cette denrée, et ce, sous
la surveillance du commandant de la commune.

4° Il exprime le vœu que la plus grande sévérité soit dé-
ployée dans la surveillance de la préparation des cafés, et
dans l'application du règlement relatif à cette branche de travail agricole. Les anciennes traditions concernant cette préparation disparaissent de jour en jour pour faire place à une
manière de faire déplorable et vicieuse. Les cafés sont le plus
souvent cueillis avant le terme de la maturité et en bloc, au
lieu de l'être successivement et au fur et à mesure qu'ils
mûrissent. Déposés sur des glacis mal entretenus et malpro-
pres, ils y restent exposés à l'humidité, à la pluie, à la poussière et à toutes sortes d'accidents qui en altèrent la qualité. Les producteurs négligent, les uns par incurie et par
ignorance, les autres à dessein, dans l'espoir d'un gain illi-
cite tiré de l'augmentation du poids, d'en extraire les matières
étrangères et de faire le triage des grains cassés ou avariés
d'avec les grains de bonne qualité.

Le Conseil estime que, pour faire cesser cet état de choses, poussé à un excès déplorable et même honteux pour l'honneur haïtien, des mesures pénales rigoureuses doivent être combinées avec un système d'enseignement agricole et de surveillance loyale et active.

5° Certaines parties des voies de communication de la commune, surtout de celles dont l'entretien est à la charge des propriétaires riverains, sont en mauvais état. Le Conseil émet le vœu à cette occasion, que le système des prestations en nature ou en argent, tel qu'il a été maintenu par le nouveau Code rural soit régularisé et réparti impartialement entre tous les habitants de la commune, afin que cette charge, puisqu'elle est nécessaire, soit égale pour tous et par conséquent moins onéreuse pour chacun.

6° Le Conseil d'agriculture de la dite commune offre à l'autorité supérieure le concours désintéressé de ses membres pour aider les officiers et agents de la police rurale à dresser l'état statistique annuel, par sections, de la population de la commune; car, le Conseil est convaincu qu'au moyen des renseignements qui résulteraient de ces recensements annuels, le vagabondage et la mendicité seraient plus faciles à réprimer.

Tels sont les vœux et les observations que le Conseil d'agriculture de la commune de   a l'honneur de soumettre, par l'intermédiaire du Conseil communal, au Secrétaire d'État de l'intérieur et de l'agriculture. Inspirés par le sentiment du bien général, le Conseil espère qu'ils seront favorablement accueillis.

Fait dans le lieu de séances indiqué ci-dessus, commune de   , le   , an   de l'Indépendance.

Les membres du conseil,

Au Conseil communal de la commune de....

Pour être transmis au Secrétaire d'État au département de l'intérieur et de l'agriculture.

Imprimerie A. Lahure, 9, rue de Fleurus, à Paris.

www.ingramcontent.com/pod-product-compliance
Ingram Content Group UK Ltd.
Pitfield, Milton Keynes, MK11 3LW, UK
UKHW021221140726
13695UKWH00002B/688